U0085579

世紀人物100

科西嘉戰神

拿破崙

韓　秀　著

三民書局

主編的話

　　世界上最幸福的孩子，是他們一出生就有機會接近故事書，想想看，那些書中的人物，不論古今中外都來到了眼前，與他們相識，不僅分享了各個人物生活中的點滴，孩子們的想像力也隨著書中的故事情節飛翔。

　　不論世界如何演變，科技如何發達，孩子一世幸福的起源，仍然來自於父母的影響，如果每一個孩子都能從小在父母親的懷抱中，傾聽故事，共享閱讀之樂，長大後養成了閱讀習慣，這將是一生中享用不盡的財富。

　　三民書局的劉振強董事長，想必也是一位深信讀書是人生最大財富的人，在讀書人口往下滑落的多元化時代，他仍然堅信讀書的重要，近年來，更不計成本，連續出版了特別為孩子們策劃的兒童文學叢書，從「文學家」、「藝術家」、「音樂家」、「影響世界的人」系列到「童話小天地」、「第一次」系列，至今已出版了近百本，這僅是由筆者主編出版的部分叢書而已，若包括其他兒童詩集及套書，三民書局已出版不下千百種的兒童讀物。

　　劉董事長也時常感念著，在他困苦貧窮的青少年時期，是書使他堅強向上，在社會普遍困苦，而生活簡陋的年代，也是書成了他最好的良伴，他希望在他的有生之年，分享這份資產，讓下一代可以充分使用，讓親子共讀的親情，源遠流長。

　　「世紀人物100」系列早就在他的關切中構思著，希望能出版

孩子們喜歡而且一生難忘的好書。近年來筆者放下一切寫作，接下這份主編重任，並結合海內外有心兒童文學的作者共同為下一代效力，正是感動於劉董事長致力文化大業的真誠之心，更欣喜許多志同道合的朋友，能與我一起為孩子們寫書。

「世紀人物 100」系列規劃出版一百位人物故事，中外各占五十人，包括了在歷史上有關文學、藝術、人文、政治與科學等各行各業有貢獻的人物故事，邀請國內外兒童文學領域專業的學者、作家同心協力編寫，費時多年，分梯次出版。在越來越多元化的世界中，每個人都有各自的才華與潛力，每個朝代也都有其可歌可泣的故事，但是在故事背後所具有的一個共同點，就是每個傳主在困苦中不屈不撓，令人難忘的經歷，這些經歷經由各作者用心博覽有關資料，再三推敲求證，再以文學之筆，寫出了有趣而感人的故事。

西諺有云：「世界因有各式各樣不同的人群，才更加多采多姿。」這套書就是以「人」的故事為主旨，不刻意美化傳主，以每一位傳主的生活經歷為主軸，深入描寫他們成長的環境、家庭教育與童年生活，深入探索是什麼因素造成了他們與眾不同？是什麼力量驅動了他們鍥而不捨的毅力？以日常生活中的小故事，來描繪出這些人物，為什麼能使夢想成真。為了引起小讀者的興趣，特別著重在各傳主的童年生活描述，希望能引起共鳴。尤其在閱讀這些作品時，能於心領神會中得到靈感。

和一般從外文翻譯出來的偉人傳記所不同的是，此套書的特色

是，由熟悉兒童文學又關心教育的作者用心收集資料，用有趣的故事，融入知識，並以文學之筆，深入淺出寫出適合小朋友與大朋友閱讀的人物傳記。在探討每位人物的內在心理因素之餘，也希望讀者從閱讀中，能激勵出個人內在的潛力和夢想。我相信每個孩子在年少時都會發呆做夢，在他們發呆和做夢的同時，書是他們最私密的好友，在閱讀中，沒有批判和譏諷，卻可隨書中的主人翁，海闊天空一起遨遊，或狂想或計畫，而成為心靈知交，不僅留下年少時，從閱讀中得到的神交良伴（一個回憶），如果能兩代共讀，讀後一起討論，綿綿相傳，留下共同回憶，何嘗不是一幅幸福的親子圖？

2006 年，我們升格成為祖字輩，有一位朋友提了滿滿兩袋的童書相送，一袋給新科父母，一袋給我們。老友是美國國家科學院院士，曾擔任過全美閱讀評估諮議委員，也是一位慈愛的好爺爺，深信閱讀對人生的重要。他很感性的說：「不要以為娃娃聽不懂故事，我的孫兒們一出生就聽我們唸故事書，長大後不僅愛讀書而且想像力豐富，尤其是文字表達能力特別強。」我完全同意，並欣然接受那兩袋最珍貴的禮物。

因為我們同樣都是愛讀書、也深得讀書之樂的人。

謹以此套「世紀人物 100」叢書送給所有愛讀書的孩子和家庭，以及我們的孫兒——石開文，他們都是世界上最幸福的孩子，因為從小有書為伴，與愛同行。

無限大的可能性

簡宛主編交給我這樣一個任務：為小讀者書寫拿破崙豐富多采、波瀾壯闊的一生故事，我是非常高興的。首先想到的是書寫者與傳主之間隱隱約約的某種聯繫。我們都出生在一個島上，我們都是手不釋卷的書蟲，我們都熱愛數學，我們都曾經在充滿敵視的惡劣環境當中，以「外國人」的身分生活過，我們都沒有向逆境屈服，我們都有一身傳奇，我們也都有鋼鐵般的意志。泰山壓頂之時，我們都能轉敗為勝。最重要的，我們的字典裡都沒有「不可能」這個詞。我們相信，世間有著無限大的可能性。

說到拿破崙這個名字，人人都會想到這位只活了五十一年的巨人。他的時代是將近兩百年以前的故事，但是，歷史學家們都在說，千年以來，他的傑出與他的人格魅力沒有人能夠比擬。軍事史家指出，自從凱撒大帝以來，世上的軍事將領能夠讓士兵們心甘情願跟他赴湯蹈火者，除了拿破崙以外，再沒有第二個人。

拿破崙出生在美麗的地中海科西嘉島上，這個島被法國打敗而且占領，拿破崙卻從法國大革命的烽火當中崛起，二十幾歲就成為法軍將領，甚至領導了對埃及的一次驚人的遠征。三十歲掌握政權，在短短四年裡解決了大革命留下的各種衝突，制定法典、興辦教育、確立行政體制、帶給法國繁榮，打退了歐洲君主幾十次聯合進攻。三十五歲成為民選的法國皇帝。然後，投身以英國與歐洲君主為主

要敵人的無數戰爭。他挺過了無數暗殺、粉碎了無數陰謀，最終，被俄羅斯的雪原、西班牙的高地、保皇黨的瘋狂反撲拖倒。那麼多人山人海、壯觀熱烈的場面之後，遠離親人，被囚禁至死。

已經到了這般境地，拿破崙依然在創造奇蹟：他點燃起的爭取民主、自由的烽火結束了歐洲君主專制。無論當初普魯士怎樣與他不共戴天，德國的進步與統一卻是因他而起。波蘭、比利時、丹麥、義大利等等國家爭取民族獨立、民族自決的抗爭也是因他而起的。他的影響早已飛越大西洋，在美國引起巨大回響。在流放聖赫勒拿島以前，他曾經希望到美國去，英國政府當然知道美國將怎樣熱烈的歡迎這位巨人，他們絕對不敢「放虎歸山」而寧可以殘酷的手段去磨蝕他的生命。生命垂危的時候，拿破崙曾經預言，法國大革命的精神將在美國、英國和法國取得最終的勝利。我們都看到了，他的預言一一實現了。

拿破崙是天才的軍事家，同時也是極為勤奮的讀書人。他讀的書非常廣泛，無論轉戰到哪裡，他都有「圖書館」隨行。連滑鐵盧之役他都帶了六百冊書在身邊。在最後的流放地，他身邊也有三千冊書籍，因為終於「閒」下來了，他居然學通了英文，閱讀英文文學。他永遠鼓勵人們讀書，他甚至希望為出征的將士們出版小小的、可以放在軍裝口袋裡的「隨身讀」。

拿破崙是至高無上的君王，他又是極溫和、極善良的，他照顧過的人無以計算。俗話說，「僕人眼中無英雄」，貼身服侍他十四年，

看盡他盛衰榮辱的馬爾商對他卻滿懷敬意，最終成為他的朋友。他對他的敵人也是寬容的，從來沒有惡言。這種高貴的品格讓俄國沙皇自愧不如，讓口口聲聲要取他性命的英國名將威靈頓顯出渺小，讓野心勃勃的叛徒貝爾納多特和塔列朗遭到人們的唾棄。

拿破崙是大男人，又是皇帝，但是他遵守一夫一妻制。無論他的兩任妻子怎樣的對不起他，他都善待她們、供養她們、原諒她們的惡行，最後，更在遺言中表達他對她們的情意。

拿破崙生前對出版事業加諸許多限制，文學家裡只有大詩人歌德是他的朋友。他去世之後，偉大的小說家雨果、巴爾扎克、司湯達爾都在作品裡將他的輝煌再現在文字裡。有些拿破崙時代的老兵，後來成為行吟詩人，他們將自己的皇帝看做革命的化身，傳頌不已。隨著歲月的流逝，拿破崙的形象更加高大，更加光彩奪目。拿破崙終其一生，都熱愛孩子。現在，聽說小讀者透過中文閱讀來了解他的故事，一定非常開心。

拿破崙生前對宗教的態度是非常現實的。為贏得埃及，他「成為」穆斯林。為贏得法國，他「成為」天主教徒。病重的時候，他說：「我非常高興，沒有宗教信仰。這是一種極大的安慰，因為我沒有恐怖的幻想，不懼怕未來。」但是，在遺言裡，他誠懇的表示，「宗教形成我們命運的一部分，靈魂、法律和風俗結合

在一起，組成神聖的整體。我們稱她為祖國。」

　　人無完人，人是會犯錯的。拿破崙用他最後六年反省他一生做過的事情，仔細的分析了造成錯誤的各種原因，並且通過他的朋友們忠實的記錄下來，成為歷史的一部分。拿破崙出生在島上，海島火山熔岩形成的堅強性格與高瞻遠矚，帶領著他征服了海洋與大陸。

　　拿破崙俊美的面容、他對日出的熱愛、他的詩意、他的無數勝利、他將一切的可能性發揮到無限大的鋼鐵意志，使他成為戰神。這位千年才得以一見的戰神，來自美麗小島科西嘉。

寫書的人

韓　秀

　　是臺灣小讀者熟悉的說故事人。她出生在曼哈頓，西半球一個岩石島，在東半球度過長長的歲月。現在，她住在美國首都近郊一個叫做「維也納」的小鎮上，讀書、寫作。她還是熱愛數學，講故事的時候不肯雲山霧罩，力求條理清楚、邏輯嚴密。講過去的老故事，更是不肯人云亦云，力求大膽設想、小心求證。

　　她熱愛美麗的臺灣，已經完成的二十多本書都在臺灣出版，其中四本為小讀者書寫的名人傳記，全部屬於三民書局兒童文學叢書。

科西嘉戰神

拿破崙

目次

拿破崙

1769～1821

1 橫空出世

　　1769 年 8 月 15 日，太陽神阿波羅和平常一樣，高高興興駕駛著祂的金馬車，把燦爛的陽光灑遍歐洲大地。在這塊充滿了傳奇故事的土地上，我們知道亞歷山大大帝和羅馬帝國的凱撒大帝都曾經在這裡創造歷史。

　　這一天，法國波旁王朝狡猾的皇帝路易十五正站在巴黎豪華的皇宮裡，得意洋洋的想著心事。對他來說，這一天可不是一個平常的日子。一年以前，他的將軍率領三萬法軍，成功的、徹底的粉碎了一個叫做科西嘉的小島上的抵抗力量，把這個小島納入法國的版圖。現在，此時此刻，他想著這個小島上的老百姓一定正在興高采烈的慶祝成為他的臣民一週年呢！

　　哈，世人別小看科西嘉這個島嶼，它的來歷可是非同小可！這個島嶼位於地中海北部，東臨義大利，北望法蘭西，風景秀麗，民風剽悍。這些還不是重點，重點是，這個島是征服地中海的踏腳石，歷史上成功的帝王沒有一個不重視這兵家必爭之地！居然，啊，居然好長時間都被義大利的熱那亞人占據著！

　　路易十五在心裡讚嘆著自己的英明:「喔，鮑力這個有勇無謀的傢伙，居然以為引進了法國人會幫他趕走義大利人！」法國軍隊「應邀」進駐科西嘉沿海城市，義大利人退走，鮑力這才明白法國人將要取而代之，馬上奮起抵抗，但是，已經太晚了，法國軍隊已經占據了最有利的地形。科西嘉的民族英雄鮑力率領英勇的科西嘉人在血戰之後，終於潰敗，逃到英國去了。路易十五想

到自己達成了先王們占領這個島國的願望，開心的哈哈大笑。就在這個時候，他看到南方的天邊飄起了一片白雲，愚蠢的皇帝根本不知道，這是命運女神的神祕微笑。他做夢也沒有想到，一個生命就在此刻，在那個島上誕生了。

這個嬰兒將成為巨人，他將埋葬波旁王朝，歐洲所有的君主都會在他面前發抖，整個歐洲大地將在他的腳下顫動。阿波羅不動聲色的飛馳而過，讓這人間的戰神能以驚天動地的方式降臨到這個混亂的世界。命運女神駕著風雷，讓這孩子的降生成為傳奇。

在科西嘉島西南的美麗城市阿佳修，這一天正是豔陽高照的盛夏。整個城市張燈結綵，大人、孩子都穿著新衣服，到教堂去望彌撒。他們的想法和遠在巴

黎的路易十五不大一樣，這一天是聖母升天日，是一個值得慶祝的節日。作了一年的法國人似乎並不是他們大肆慶祝的重要理由。

快樂的人群剛剛走到律師卡羅‧波那巴特的家門口，忽然之間，烏雲密布，狂風大作，驚雷滾滾，大雨傾盆而下。人們驚慌奔逃，律師先生趕快打開大門，請鄰居們進屋避雨。這時候，律師太太正又興奮又緊張的等待第二個孩子的出生，聽到雨聲，只覺得好像戰鼓咚咚。

忽然，一個巨大的閃電劃亮天地之間，聚在波那巴特家大廳避雨的人都捂住了耳朵，等著雷聲響起來。他們等啊等啊，竟然寂靜無聲！大家你瞧我我瞧你，剛把手從耳朵上放下來，他們就聽到了內室傳出產婦的一聲大叫，跟著就是嬰兒的呱呱啼哭，

高亢、嘹亮、宛如雷聲！這哭聲衝破雨幕，直上九霄，長久的迴盪在阿佳修城的上空。

律師先生快樂的把兒子抱出來給大家看，大家驚嘆著：「這哪裡是嬰兒？分明是怒吼的雄獅啊！」

雨住了、風停了、太陽出來了，天上出現一道巨大的彩虹！嬰兒安靜下來，不再啼哭，他睜開圓圓的眼睛，看著彩虹，笑了！

律師先生高興得不知如何是好，在場的神父目不轉睛的瞧著嬰兒，喃喃自語：「簡直是驚世駭俗！」律師先生就請神父給孩子取個名字。神父久久的望著這個長著大腦袋的孩子，「這是一頭真正的雄獅，聚集了千年的力量，橫空出世。願上帝保祐這個不平凡的孩子，他就叫拿破崙吧！」

小拿破崙安靜的微笑著，很

滿意的樣子。

　　波那巴特家族有著悠久的歷史，他們原來住在義大利的佛羅倫薩，是當地的貴族。歐洲不間斷的政治鬥爭、宗教鬥爭讓這個家族感覺厭煩，他們一再南遷，最後在科西嘉住了下來。科西嘉這個島國的海濱全是岩石，內陸也是山巒起伏，氣候好、風景非常壯麗，被許多的地中海霸主占領過。科西嘉人根本不在乎「政府」的力量，政府都是些「外國人」，他們怎麼會懂得科西嘉人的心情呢？科西嘉文化最珍惜的是那些落地生根的重要家族，有著貴族身分的波那巴特家族是其中之一。再說，這個家族的人非常有智慧，他們和另外一個大家族結成親戚，在科西嘉就更加有影響了。

　　小拿破崙的父親卡羅非常愛惜自己家族的地位。他十八歲的

時候娶了十五歲的美麗女子萊蒂齊亞，這女子出身佛羅倫薩的大貴族拉莫利諾家族。於是，這兩位貴族的後裔就在科西嘉島上建立起一種尊貴而富裕的風範來。但是，那時候的科西嘉，連年戰火、械鬥，遍地血腥。年輕的波那巴特夫婦在危難中也繼承了典型的科西嘉性格，沉默、嚴格、敏銳、勇敢、堅韌不拔，把整個世界看成一場比賽，他們要在這比賽裡光宗耀祖，他們也用這種精神教育他們的八個子女。卡羅因為嚴重的胃病只活了三十九歲，萊蒂齊亞長壽，活到八十六歲，曾經成為尊貴的法國皇太后，但是她也親眼看到她的兒子拿破崙建立的王國覆滅，她的堅強剛毅、永不屈服，流傳很多很多年後變成了許多傳奇故事。

　　毫無疑問，拿破崙是這對夫婦最傑出的繼承者，也是科西嘉

精神最精彩的代表，雖然他後來成為法國皇帝，甚至歸葬於巴黎。但是，他永遠屬於科西嘉，他是真正的科西嘉戰神，混亂的法國和動盪的歐洲只是給了他創造歷史的機會而已。

後來，人們問到拿破崙的許多著名戰役，這位在馬背上度過二十多年的統帥總是會深情遠望科西嘉，他的軍事生涯在他出生之前就開始了。

卡羅與萊蒂齊亞的媒人正是科西嘉的愛國者鮑力。年輕的夫妻懷抱第一個孩子，腰上懸著短劍，和鮑力一道轉戰科西嘉內陸，勇敢的抵抗法軍的入侵。不久，萊蒂齊亞懷了第二個孩子。她仍然是一位英勇無畏的戰士，在崇山峻嶺之中，不停腳的奔波、襲擊敵人；悄悄的在密林中涉水逃離，躲過法軍瘋狂的搜索。拿破崙還沒有出生，就聞到

了戰爭的血腥。他還沒有踏足這個世界，就聽到了科西嘉人爭取自由的吶喊。

　　拿破崙還是小孩子的時候，就非常喜歡玩「打仗」的遊戲，每次，他都自己做「元帥」，把孩子們分成敵對的「兩軍」。他自己總是率領比較幼小、比較柔弱的一方。他總是想法子用智謀取勝，在岩石底下埋伏「重兵」設下「陷阱」，或者突然出現在「敵軍」背後，打對方一個冷不防。「戰爭」真正開打之後，他一定是衝鋒在前、一馬當先。小小的人兒，拳腳頗重，絕對不給對方喘息的機會。他成了「常勝將軍」，孩子們無論大小，都樂意成為他「麾下」的士兵。

　　拿破崙七歲的時候，已經很喜歡「獨處」。他常常一個人站在海濱的岩石上長久的看著海浪。他告訴母親：「我最愛海浪，

它有無比的威力！我就要做那海浪，把整個世界踩在腳下！」母親心裡明白，自己的兒子必定是巨人。巨人會有輝煌的、凡人無法想像的成就。巨人也會有慘淡的、凡人無法承受的痛苦。智慧的母親全力支持著兒子接受命運的挑戰。

拿破崙從很小就愛上了數學，父親為了讓他獨立思考還特別蓋了一間小屋。但拿破崙更愛一處他自己在岩石上發現的小洞穴，他常常一個人坐在那洞穴裡讀書、解算術題，瞭望地中海遼闊的海面，凝視蔚藍色的天空。他在那裡靜靜的長大。

今天，我們到科西嘉，當地人會驕傲的指著那小小的洞穴，告訴我們說，那就是「拿破崙洞穴」。拿破崙就是從那裡飛騰而去，成為頂天立地的巨人的。

2 黑暗歲月

1804 年 12 月 2 日，拿破崙在巴黎聖母院，從教宗庇護七世的手裡接過皇冠，加冕成為法國皇帝。這一年，他三十五歲。

四個月之後，他也將要被加冕為義大利王，他應當前往米蘭，參加加冕儀式。

1805 年 4 月 4 日清早，在前往米蘭的路上，法國皇帝拿破崙‧德‧波那巴特來到了布里安。這位個子不高、臉龐瘦削、雙眼炯炯的皇帝，挺胸抬頭，站立在馬鐙上。他的阿拉伯馬似乎感覺到了主人心裡的不平靜，踢著腿、呼呼的打著響鼻。皇帝身後，皇家衛隊的軍官們遠遠的站立著，戰馬和刀劍不時傳來輕輕的碰撞聲響。

不遠處，在香檳區的原野裡

有一片廢墟，那就是布里安軍校的遺址，拿破崙曾經在這裡度過五年的黑暗歲月，那時候，他不過是個十歲的孩子，那時候，他的名字還用義大利文拼寫，他叫做拿破里歐尼・波歐那巴特，那時候，他是一個「外國人」。

離開這裡二十年光景，這軍校經過了被廢除、轉賣、成為軍需工廠、工廠搬移、舊址拆毀，終於成了瓦礫堆。拿破崙心裡的波瀾卻推湧成狂濤，他放馬奔馳，一個人狂奔了三個小時，終於平靜下來，被侍衛們簇擁著離開了這傷心地。臨走的時候，他丟下一句話：「這麼平坦的原野，將是一片壯美的戰場。」

當初，拿破崙出生的時候，曾經與科西嘉民族英雄鮑力並肩作戰的卡羅・波那巴特，在抵抗運動失敗、法國占領科西嘉、鮑力敗走英國之後，為了子女的前

途，選擇與占領者合作。這樣，他家的貴族身分就在 1770 年被法國政府承認。 1777 年，卡羅甚至成為科西嘉貴族代表，出席凡爾賽全國三級會議。在會議上，卡羅對法國的新皇帝路易十六推崇備至。有了這樣的一段故事，卡羅才能為拿破崙和他的哥哥申請到獎學金，才能把這兩個孩子送進法國的貴族學校唸書。

1779 年元旦，在這個悲慘的日子裡，九歲多的拿破崙告別了科西嘉，告別了親愛的大海，告別了香噴噴的愛神木，告別了溫暖可愛的阿佳修，和哥哥一道跟著父親來到法國歐坦，他們必須留在歐坦中學，學習法文。然後，哥哥會進入神學院，他自己將進入布里安軍校。他將有好多年不能回家，甚至不能看到哥哥！他必須獨自一人待在「敵國」、待在「敵人」中間！而

且，他必須首先學習法國占領軍在阿佳修大街小巷裡大聲叫嚷的粗野語言！那東西叫法文！

瘦弱的小小身體筆直的包裹在深藍色的襯衫裡，栗色的頭髮剪得極短，瘦臉上只見那個倔強的尖下巴，眼神灰黯，默不作聲。拿破崙就這樣開始了他在歐坦中學的生活。那時候，他完全不懂法文，他親愛的媽媽只懂義大利文，父親雖然懂法文，但是在家裡也只講義大利語。

他必須精通法文！因為說這種語言的人打敗了他的父老鄉親，占據了他的家鄉科西嘉！他必須掌握這種語言，因為，將來他一定要對抗他們，好好收拾這些驕狂的法蘭西人！

但是，他必須把心事深深埋藏，只有法國人嘲笑他心中的大英雄鮑力的時候，他才會冷然表示他的態度。

　　有一天，教法文的神父假惺惺的提問拿破崙：「你們怎麼會吃了敗仗呢？你們不是有鮑力嗎？他不是神勇得很嗎？」九歲的拿破崙咬緊牙關，清楚回答：「是的，老師。而且，我將來要跟他一樣！」

　　在同學們的哄堂大笑裡，拿破崙的思緒飛得很遠，他想到了一年多以前的一件小事。有一天，有兩位農夫一邊爭論著磨坊裡每天可以磨出多少麵粉，一邊試圖給一匹野馬套上籠頭。拿破崙仔細聽著農夫的爭論，他什麼也沒有說，只是走過去，輕輕撫摸著那匹馬，跟牠說著話，猛然間飛身上馬，把農夫們都嚇呆了。等他在牧場上跑了幾圈，把已經很乖的馬交給農夫的時候，順便告訴了他們，當地磨坊每天磨麵粉的準確數量。

　　馴服野馬，少年亞歷山大大

帝也有過同樣的經歷。但是，大帝可沒有一邊馴馬一邊在馬背上做數學。想到自己八歲時候的壯舉，拿破崙不由得挺起了胸膛，嘴唇上浮起莫測高深的微笑。歐坦中學的老師同學看到了，都覺得有點莫名其妙，也都覺得有點冷森森的。

僅僅三個月二十天，拿破崙在嘲笑中苦讀，熟練掌握了法文，離開了歐坦中學。於1779年5月15日，獨自一人進入了布里安皇家軍事學校。這時候，他不足十歲。

校長反覆唸著這個奇怪的名字，「拿破里歐尼・德・波歐那巴特。該怎麼樣把這個名字譯成法文？」拿破崙小心的回答:「這是一個義大利名字。」

他非常謹慎，他知道大家都在瞧著他。他知道自己有一副寬寬的肩膀，但是個子矮小。他知

道自己有漂亮的額頭和犀利的目光，但是膚色卻是黃黃的。法國的天氣陰陰的，天色灰灰的，這樣的天色底下，他的黃皮膚特別顯眼。在歐坦中學的時候，同學們就嘲笑過他，「皮膚這麼黃！吃什麼長大的？喝羊奶加橄欖油嗎？」這些靠奶油過日子的傢伙，他們怎麼能知道橄欖甜美的滋味？

他握緊了拳頭，隨時準備反擊。校長卻提醒他「順從」和「謙虛」。

穿過一道道窄門，校長一條又一條告訴他，學校的規矩：六年在校期間，沒有假日。內務自己打理，每星期換洗兩次衣服。頭髮理成平頭，十二歲以後，才可以留長髮，但必須結成辮子……

校長打開一扇門，讓拿破崙前進兩步進入房中。這個房間不

到兩平方公尺，裡面有一張帆布床，床頭有一隻小鈴、一個洗臉盆和一只水壺。

「按照規定，哪怕最寒冷的冬天，每個學生也只能分到一條棉被。

「按照規定，學生早上一起床就要離開寢室，整天在課室學習、在操場上鍛鍊身體，要等到就寢時間才能回到寢室。

「按照規定，寢室的房門在夜間會從外面鎖起來，學生有緊急需要可以拉床頭的小鈴。」

校長走了。拿破崙呆呆看著這間冰冷的小室，他必須在這裡熬過六年！媽媽為孩子們準備的遊戲屋多麼寬敞！窗外的大海多麼遼闊！爸爸為自己蓋的算術小屋多麼溫暖！岩頂的小洞穴多麼有趣！這一切都遠去了，現在他只有這冰冷的小室。

敞開的門外有人經過，從他

們使用的語言，從他們華麗的穿著，拿破崙就知道，這些學生都是法國人，都是富裕的法國貴族子弟。

吃飯的時間到了，大家走進食堂，拿破崙坐在學生們中間，聽著來自四面八方的竊竊私語，「他是從哪兒來的？叫什麼？拿破里歐尼？天哪！那是什麼古怪的名字？」然後是嗤嗤的笑聲。拿破崙抬著頭，讓眼淚燒乾在眼睛裡，他在心裡說：「我恨他們。」他也對自己說：「在這裡，我是個外國人！」

拿破崙的處境確實險惡，他不斷的被暗算。有一天，有一位新同學跑到他面前，自我介紹是來自熱那亞。拿破崙馬上笑著用義大利語問他：「那麼，你痛恨那個可惡的國家嗎？」那新生根本不懂義大利語，只是被別的學生慫恿著來「逗」拿破崙的，他看著

拿破崙的笑容，就胡亂回答：「是的。」拿破崙勃然大怒，將那新生暴打一頓，當然受到了校方的懲罰。但是，無論怎樣的懲罰都無法讓他掉淚，更無法讓他屈服。

支持他的，除了對祖國科西嘉的熱愛之外，還有大量的閱讀。他非常喜歡希臘歷史學家蒲魯塔克的書，一本《英雄傳》給了他巨大的勇氣和獨往獨來的信心。

他的學業成績也非常好，尤其是數學。連最恨他的學生也不能不承認，拿破崙的數學獨步布里安軍校。他的數學老師更是對他讚不絕口。

但是，布里安軍校有著一些黑暗的事情，新來的校長和一些老師縱容著這些黑暗的事情。在這個男子的世界裡，有著一些罪惡發生。到了21世紀，人們已經不會把那些事情看成罪惡，但

是，在18世紀，那些事情是非常嚴重的。拿破崙頑強的抵抗著。終於，一個很喜歡和學生有親密關係的老師決定要教訓拿破崙，讓他「少管閒事」。拿破崙據理力爭。老師惱羞成怒，「你居然敢頂嘴！你是什麼人？」

「男人！」拿破崙義正辭嚴。

老師更加惱火，決心打垮這孩子的自尊。他罰拿破崙穿破衣破褲跪在食堂門口的地上吃飯。拿破崙驕傲的表示他並不在乎，但是，他畢竟只是個十二歲的孩子，他的身體畢竟柔弱，經不起這樣的折騰，他努力要撐住，身體卻倒了下去，胃痙攣，吃下去的東西完全吐了出來。數學老師聞訊大驚，憤怒的奔來，拿破崙是他最棒的學生，他不允許任何人因為任何理由作賤這個學生，他一狀告到校長那裡。拿破崙從地上爬起來的時候，已經贏得了

一些老師和同學的尊敬。

不久以後，校長決定要把一些閒置的荒地分給學生，給這些不能度假的孩子一點樂趣。拿破崙平常很少和同學囉哩囉嗦，現在，一反常態，找到同學說這說那。很快，大家就明白了，他要到了幾個同學的土地，很勤快的把這塊蠻大的地圍了起來，在裡面種植了灌木，建立了堡壘，他有了自己的「島」。一有空暇，他就回到自己的島上，在那裡讀書、沉思，凝視著香檳區灰黯的天空，想念家鄉蔚藍色的大海……有人不知死活去侵犯他的「疆土」，總是被他打得落花流水……

他更加孤獨，同學們更加恨他，他們常常清清楚楚的「秀」給他看，他們恨他，一點兒也不想掩飾。最明顯的就是那些貴族子弟，他們看到拿破崙，或者別

過臉去，或者直視著拿破崙身後的什麼人，好像他根本不存在一樣。拿破崙常常握緊拳頭，讓指甲深深刺痛掌心來控制住自己，讓自己的面部表情冷漠、平和。

他甚至學到了一點幽默感，有一次，神父又拿他的名字做文章，說是在三百六十五位聖徒的名字裡沒有拿破里歐尼這樣一個名字。拿破崙笑著回答，聖徒數量巨大，不可能一一記錄下來。神父無法反駁他，從此也就打消了取笑他的念頭。

說歸說笑歸笑，少年拿破崙知道，功課好才是最重要的。他終於以一個外國人的身分、以一個戰敗國公民的身分，以特別優秀的成績提前畢業，在 1784 年 10 月 21 日進入巴黎皇家軍官學校，那是法國最高軍事學府，像中國的黃埔軍校，美國的西點軍校一樣的赫赫有名。

他到了巴黎！這個巨大的城市。他用心感覺巴黎，他對自己承認，他喜歡這城市，他「要」這個城市，這一年他十五歲。這天有巴黎人看到這少年，頂著深褐色的頭髮、穿著紅邊軍衣，臉色嚴肅、冷酷，眼光貪婪，好像要把整個城市吃下去。巴黎人搖搖頭走開了，隨後就忘了他。

他們不知道，少年人在這個豐富無比的大城裡感覺好像置身大海，而大海正是這少年的家鄉啊！沒有人知道，就在這個時候，少年找到了他的第二故鄉，而且，他知道，他將要統治這個終於被他承認了的地方！

在巴黎軍官學校，黑暗的歲月並沒有到此為止，從那些惡意的眼光裡，拿破崙清楚知道這裡和布里安沒有太大的不同，他要提前離開，就必須通過最嚴格的考試，直接成為砲兵軍官，他開

始了為期十個月的苦讀，任何的蔑視和欺凌都沒有辦法讓他分心。

為什麼拿破崙選擇砲兵專業？因為這個專業要求數學成績要非常好，拿破崙對數學的熱愛剛好是他最大的優勢，他拚命苦讀伯祖數學論著，準備迎戰最艱深的考試。

就在學習最緊張的時候，1785年2月24日，一向對拿破崙抱著最大希望的父親逝世了，他只活了三十九歲，長年被胃病折磨著，死得非常痛苦。他臨終的時候，一直叫著拿破崙的名字，他一直說：「拿破崙，只有你能夠救我，只有你能夠救歐洲……」消息傳到巴黎，連一向並不友善的校長都開始同情這少年，他跟臉色蒼白的拿破崙說：「你到我的辦公室去吧，哭出來，你會好過一些。」拿破崙拒絕了校長的好

意，他沉著回答：「我必須習慣死亡，讓死亡變成生命的一部分。」

校長目送拿破崙走回課室，忍不住感嘆說：「這少年將來必定是一個偉人。」他當然感覺不到拿破崙內心的傷痛。這時候，少年不但悲傷而且感覺到自己對家庭的責任，父親不在了，大哥能力有限，他必須開始養家，負責母親和弟弟妹妹們的生活。他必須考取軍官，必須用薪水支持母親。他開始更加瘋狂的讀書，他的頑強嚇著了老師和同學們，大家都覺得他大概撐不了太久。但是，半年之後，他沉著的通過了最嚴酷的考試，在 1785 年 9 月 1 日成為砲兵少尉。

這一天他啟程前往瓦朗斯砲兵團駐地，他選擇這個地方，只是因為這是離科西嘉最近的一個砲兵駐地，十六歲的拿破崙離開家鄉已經將近七年了。

　　這一天拿破崙的黑暗歲月結束，他是第一個畢業於巴黎軍官學校的科西嘉人，是進入高等學術砲兵部隊的最年輕的軍官，他已經被法國無條件的接納，他不再是「外國人」！

拿破崙語錄

＊天才是要不斷承受痛楚的。

3 革命烽火

　　1780 年的時候，法國到底是一個什麼樣子的國家呢？那時候，法國是歐洲人口最多、最富裕的國家。那時候，巨大的俄國只有居民兩千四百萬人。比俄國小得多的法國卻有兩千五百萬人口。比起其他歐洲國家，更是遙遙領先。

　　當時，法國的老百姓分成三個等級，頭等是教士，有十三萬人；二等是貴族，有四十萬人；三等是平民，有兩千四百多萬人。這些平民被稱為第三階級，他們人數眾多，經濟情況相當優越，而且越來越好，但是，他們在政治上沒有地位、沒有發言權。他們要求成為重要的政治力量、要求有合適的社會地位。

　　1789 年爆發的法國大革命就

是這第三階級試著表達自己要求的劇烈行動。在數量巨大的人群裡，每一個人都有自己的政治主張。每一個人也都有自己喜歡的一些人，這些人糾集在一起，卻沒有統一的主張、計畫，他們能夠帶來的最直接的結果通常都是非常振奮人心的大混亂。就在這大暴亂當中，王權被擱置，法蘭西共和國驚險萬狀的誕生。

拿破崙歡迎這場巨大的變革，因為在這巨大的混亂裡，法國對科西嘉的控制完全的鬆動了。他覺得，這實在是個極好的機會，他要利用這個機會為科西嘉爭取最大的利益。在火花四濺、遍地血腥當中，他不斷的利用假期返回科西嘉，不斷的與當年反對法國占領的鮑力聯絡，希望大家團結起來，聯手共創科西嘉的未來。但是，鮑力沒有忘記，當年，拿破崙的父親在抵抗

運動失敗後，與法國占領者合作的事情。鮑力認為，不止是拿破崙，整個波那巴特家族都是親法的，都是科西嘉的「賣國賊」。他和他的朋友們不但不接受拿破崙，而且把他全家都驅逐出境。拿破崙只好離開科西嘉，把自己對祖國的熱愛藏在心底，回到砲兵部隊，去拯救自己的第二故鄉法國。他家裡的人也都流落到法國南部，成了難民。

今天，我們回頭看兩百多年前的這一段故事，也許我們可以說，這實在是命運女神的巧妙安排。想想看吧，身為法國皇家軍官，在國家有難的時候卻不斷逾假不歸，甚至為外島抵抗運動的首腦出謀劃策，豈不是犯了大罪！但是，正好是這大革命，讓拿破崙不但沒有獲罪，反而大展拳腳，贏了他此生關鍵的一仗，這就是土倫之戰。

那時候，歐洲的國王們和法國的保皇黨結成了同盟，決心用武力撲滅法國大革命，把法蘭西共和國扼殺在搖籃裡。拿破崙仔細研究情勢，他非常清楚，現在已經是法國與歐洲列強決一死戰的時刻。新政府有無數缺點，但是，必須支持新政府與歐洲的國王們抗爭到底，才能避免法國被瓜分的危險。在擔任砲兵軍官的這幾年裡，他熟讀古代和現代政治家、思想家的著作，他也閱讀了大量的法典，為建立和改良新政做了很多準備工作。

1793 年 7 月，土倫和法國南部的幾個城市宣布效忠已經被推翻的法國皇帝路易十六，並且在 8 月 28 日允許英國和西班牙的艦隊駛入土倫港。保皇黨正在和英國、西班牙結成軍事同盟，大戰一觸即發。消息馬上震動整個法國，決戰的時候到了，決戰的人

物也在地平線上出現了。

　　恰恰就在這個時候，面帶病容、身材瘦小、衣衫破舊的拿破崙因公來到土倫。

　　這時候，西班牙軍隊正浩浩蕩蕩越過東庇里牛斯山，英國軍隊已經兵臨城下。在里昂、在其他法國城市，共和國的部隊正在浴血苦戰，土倫的危機無疑成為最可怕的消息，人心非常慌亂。

　　拿破崙一到土倫就發現，此地的部隊處在混亂當中，兵員短缺、武器短缺，砲兵指揮官對砲戰一無所知。專業的拿破崙如從天降，馬上被重用，在9月16日擔任起砲兵部隊的總指揮。他馬上用行家的手段調集了大砲和砲彈。他夜以繼日，對士兵展開必要的訓練。幾天之內，他已經準備就緒。這樣的成就太驚人，他馬上被升任少校。

　　就在這個時候，里昂傳來好

消息，共和國部隊奪回了城市。土倫軍民士氣大振。拿破崙不但成功的調兵遣將、完成軍事部署，他更是身先士卒，跟砲群生活在一起，無論白天黑夜都不下火線。

這時候，秋雨綿綿，拿破崙生病發燒，眼窩深陷，眼神卻像火苗似的燃燒著。他的熱情、膽識和才略感動了所有的人。他明白，整個要塞最重要的地方就是控制著內外兩個港口的一個半島，英國人卻在那裡建立了一個堅固的堡壘。拿破崙就在英軍防線的西南設立了十三個砲兵陣地，其中一個距離英軍太近，法軍死傷慘重。如果，那個陣地在關鍵時刻能夠開砲，絕對會影響戰局。拿破崙下令:「那陣地就叫做無畏勇士砲組!」這「無畏勇士」激勵起法國士兵強烈的自豪感。槍林彈雨之中，前仆後繼，

這個陣地始終滿員！

土倫決戰在 12 月 16 日深夜展開，這一夜大雨滂沱、電閃雷鳴、風狂雨猛，伸手不見五指。拿破崙一離開自己的堡壘，戰馬就被擊中，必須徒步作戰。更多兵員在黑暗中迷了路，兩千兵力在英軍堡壘前陣亡。絕望當中，拿破崙所在的部隊躍上了火線。在反法同盟軍凶猛的頑抗中，拿破崙和他的朋友們身先士卒，殺出了血路，大隊人馬蜂擁而至，終於拿下了英軍堡壘。拿破崙的砲陣又發揮巨大威力，阻止了敵軍的潰逃。但是，英軍和西班牙人在徹底失敗前放了一把大火，「從軍火庫升起的濃煙烈焰如同火山爆發，十三艘艦隻在拋錨處燃著了，照亮了艦上的桅杆和艦艇的輪廓。大火持續了數小時，蔚為奇觀。」很多年以後，拿破崙寫下了當時的情景。

12 月 19 日，法軍收回了土倫。據說，嚇得自殺的保皇黨徒有三千人。

1794 年 1 月 14 日，拿破崙被任命為砲兵准將。為他請銜的土倫指揮官跟陸軍部表示，「請你們嘉獎這天才的年輕人。就是你們不嘉獎他，他靠著自己的力量也一定會飛黃騰達！」

事實上，如果不是大革命的非常時期，這樣飛速的升遷也是不可能的。

這時候，二十四歲的拿破崙一點也沒有沾沾自喜，他密切的注視著革命烽火的漸漸熄滅。

曾經大權在握，隨時可以把人送上斷頭機的羅伯斯庇爾兄弟十分賞識拿破崙在土倫建立的豐功偉績，但是他們卻在 7 月底的一次政變中被殺害。和這兄弟兩人常有來往的拿破崙也遭到了逮捕，幸虧拘禁他的那一派覺得他

的才智「有用」，他才躲過了殺身之禍，在 1795 年 5 月重返巴黎。

拿破崙語錄

＊事前考慮清楚，一旦到了該行動的時候，就要毫不猶豫，放手一搏。

所向無敵

　　我們實在沒有辦法解釋，為什麼在土倫大戰後，當拿破崙被任命為義大利軍團的砲兵司令，還在尼斯設立了司令部，他甚至已經在著手研究義大利的情況，制定解救義大利的作戰方案，準備著要從義大利趕走奧地利統治者；他身上流淌著的義大利的血液，差不多已經熊熊的燃燒起來的時候，他卻來到了巴黎。

　　幾百年來，歷史學家們沒有辦法解釋這件奇怪的事情，只好說是命運女神再次指引了拿破崙。當然，也可能是愛神丘比特胡亂放箭，射中了拿破崙，讓他愛上了一個絕對不適合他的約瑟芬。

　　當時，巴黎充滿了混亂，一些貴族們逃過了大革命的洗禮，

重新過起奢侈的日子來。保皇黨徒們又不斷的製造更加凶險的暴亂。拿破崙臨危受命，擔任起沒有人樂意擔任的，保衛巴黎的任務。

1795 年 10 月 5 日，巴黎在冷雨當中縮成一團，滿天烏雲、寒氣逼人。老百姓都躲在家裡，不願意出門。就在這時候，拿破崙接到情報，保皇黨徒今天計劃進攻巴黎！拿破崙馬上將重要的路口架上大砲、布下重兵，準備大戰。他身披雨衣、神色嚴峻、胸有成竹。他的必勝決心很快就感染了他的士兵們。大家都準備好給叛軍迎頭痛擊。

敵人的第一聲槍響之後，拿破崙更加心安，敵人出現的方向完全在他的掌控當中。戰鬥非常激烈，敵人非常頑強。到了傍晚，叛軍才丟下了大批屍體，逃出了巴黎。屍體裡面有很多逃亡

分子、老財主、貴族，都是貨真價實的保皇派。

這次的巴黎保衛戰雖然因為拿破崙的正確指揮而得到了勝利，保衛戰本身卻是非常慘烈的。拿破崙一直在火線上，他的兩匹戰馬先後中彈。當戰火熄滅，軍民向他歡呼的時候，他已經騎在第三匹戰馬上了。

巴黎人把拿破崙看作救苦救難的大英雄。新政府也高興的承認拿破崙拯救了新政權，任命他擔任義大利方面軍的司令官。也就是說，他不止是砲兵司令，而且是駐在義大利的整個法軍的總指揮，擁有最高權力。也就是說，他解救義大利的全盤計畫，可以親自動手來實施了！

1796年3月9日，拿破崙與比他年長六歲的貴族女子約瑟芬結婚。約瑟芬從前的丈夫死在斷頭機上，留下了兒子歐仁和一個

女兒。這時候，歐仁已經十五歲。拿破崙很疼愛這兩個孩子，決心要照顧他們。

兩天以後，二十七歲的拿破崙把新婚妻子留在巴黎，自己到義大利打仗去了。年輕的總司令開始了他輝煌的軍事生涯。

當時的義大利不是一個國家，而是一個戰場，一個地理名詞。義大利為人類文明、文化、藝術所做出的偉大貢獻幾乎都成了歷史。義大利的北部被奧地利統治，南部被西班牙占領，教皇國在中間成了分界線。真正獨立的地方只剩下威尼斯、熱那亞幾個地方。為了各自的利益，不同的政治力量還在這塊已經四分五裂的土地上繼續拉扯著，混亂不堪。

拿破崙來了，他看到了自己那些衣衫破爛的士兵，他們半饑不飽，面有菜色。多久沒有發餉

了？已經太久了，久到不記得發餉這件事情了。

面對這些可愛的士兵，年輕的統帥直接的告訴他們:「你們遠離家鄉、親人，在這裡忍饑挨餓，政府對不起你們。現在，我將帶領你們進入富裕的義大利平原，在那裡，你們一定可以贏得榮譽和財富……」一向被看成砲灰的士兵們，從一開始就喜歡上了這位年輕、眼光銳利、善待士兵的將軍。

部隊的將領們年紀都比拿破崙大，資歷比他深，連身材也比他高大、魁梧很多。現在，他們必須接受拿破崙的指揮，實在很難掩飾心裡的不平衡。

在首次軍事會議上，高大、英俊的奧熱羅將軍低頭看著矮小的統帥，笑問:「波那巴特將軍，您沒有不舒服吧？為什麼在室內也不肯摘掉帽子呢?」

拿破崙不為所動，繼續處理軍務。處理完畢，這才摘下帽子，笑著走到奧熱羅身邊，「將軍，看起來，您是比我高一頭！」然後，他馬上收起笑容，嚴厲喝道：「在戰場上，如果您也覺得我比您矮一頭，我馬上砍下您的腦袋，消除這個差別！」

奧熱羅嚇壞了，「撲通」一聲坐了下去，仰望著拿破崙，聲音發顫，「將軍，我們絕對尊重您，服從您的指揮。」

拿破崙就這樣收服了他身邊的將軍們。在整頓軍紀的時候，他真正賞罰分明，無論是貴族還是平民，他都一視同仁。很快，沒有幾天功夫，他就有了一支雖然還沒有吃飽，卻是鬥志昂揚的部隊。

拿破崙迅速有效的把分散的部隊集中起來，就像把一隻五指伸開的手握成了一隻有力的拳

頭，利用有利地形，迅猛出擊。奧地利軍隊卻守著古老的戰法，將戰線拉得極長，總是被拿破崙的鐵拳打得落花流水。有時候，拿破崙也是百思不得其解，這些人吃了虧，怎麼沒有用腦子想一想呢？戰線還是又長又弱，一次又一次被打垮，竟然還是沒有學到「集中優勢兵力，打殲滅戰」這麼一種很簡單的戰術！真是不可思議！

奧地利統治義大利長達八十餘年，奧國皇帝無論如何不能接受被拿破崙趕出義大利的事實，於是拚命增援自家軍隊，而那些補給物資後來正好幫助了需要裝備的法軍。義大利老百姓也喜歡拿破崙，要知道，這位聰明的將軍「根本就是義大利人啊！聽！他的義大利話多麼悅耳啊！」拿破崙一到，所向無敵，將人們從奧地利的統治下解救出來。拿破崙

的大軍自然也從地方上獲得了許多支援，整個軍隊煥然一新，士氣更加高漲！

勝利，一個接著一個！拿破崙的將軍們當然也是精神百倍。拿破崙沒有被勝利沖昏頭腦，他像一個偉大的組織家，冷靜的、迅速的提高法軍的戰鬥力。有一回，驚心動魄的大戰正在展開，戰場上血肉橫飛。他卻忽然跟奧熱羅表示：「我不管這事了，我要走了。」奧熱羅大驚，「您走了，誰指揮呀？」「你。」拿破崙回答。然後，他就頭也不回的離開了！奧熱羅是一位有勇有謀的將軍，他馬上行動起來。這一場戰事，法軍又獲得了勝利！拿破崙就是這樣把他的將軍們鍛鍊成能夠獨當一面的軍事家。

在具體的戰鬥裡，情況越是危急，士兵們越是可以看到他們的統帥。拿破崙永遠會衝鋒在

前，帶領自己的士兵轉敗為勝。士兵們敬他、愛他，私下裡都叫他「小班長」，表達他們和他之間的親密關係。

敵人對他真正是聞風喪膽。有一回，四千多奧軍忽然發現在山路上迎面來了一小隊法軍。他們居然糊塗的認為，對方人數不敵自己，也許願意不戰而降，決定要派代表去送一份「招降書」。那位奧軍的代表眼睛上面蒙了布，被帶到法軍的隊列前邊。眼睛上面的布一挪開，他嚇昏了，站在他面前的，竟然是拿破崙本人！拿破崙聲色俱屬，「你好大的膽子，居然要我這法軍統帥向你投降嗎？」那奧軍代表嚇得轉身就跑，一路大叫:「拿破崙來了！」所有的奧軍恨不能再多長兩條腿，可以逃得快一點！轉眼之間，四千奧軍連影子都不見了。他們認定拿破崙一向神出鬼

沒，大批軍隊一定隱藏在山中，再不快逃，準定沒有命了。

其實，那一天，在拿破崙身邊的只是小部隊，人數不到奧軍的四分之一。奧地利軍隊就這樣白白丟失了一個絕好的機會。命運女神看到此情此景也忍不住搖頭嘆息：這樣千載難逢的機會都會被你們這些奧地利人糊裡糊塗的葬送掉了，你們怎麼能夠不打敗仗呢？

拿破崙不只是在軍事方面獲得了巨大的勝利，他也是卓越的外交家。他與投降的一方簽訂了一些和約，不但大大幫助了自己的軍隊和政府，同時也照顧到了當地人民的生活，以及戰敗一方基本的尊嚴，並沒有趕盡殺絕。他甚至幫助恢復自由的義大利人在阿爾卑斯山南麓建立了一個國家，幫助他們制定了第一部憲法。拿破崙正在逐漸熟悉治理一

個國家的方法。

　　法國新政府可不需要這麼能幹的將領！他們明確指示拿破崙，好好劫掠義大利，充實法國國庫！至於法國軍隊，只要長期占領義大利，保障法國新政的安全就行啦，不用做別的事啊！當然，要是拿破崙不太忙，最好把大量的名畫、珍貴文物「運」回巴黎，以充實巴黎的博物館與畫廊。

　　今天，我們走進巴黎羅浮宮，被那裡的巨大收藏嚇到的時候，千萬不要忘記，許多的稀世珍品都是拿破崙的「戰利品」。

　　至於拿破崙本人，他喜歡的是權力而不是財富，他的生活、他的衣著還是很樸素的。

5 遠征埃及

　　到了 1797 年，拿破崙簡直就像是從天神宙斯的肩膀上面跳出來的勝利之神，他從法國大革命的烽火當中挺立起來，他一出現就是全副武裝，百戰百勝。他把法國的大敵奧地利打得暈頭轉向，他的外交手段讓歐洲國家目瞪口呆。現在，他要過問法國的國內政治了。

　　在巴黎，那些掀起大革命的人們也已經覺得很累了，他們也想輕輕鬆鬆的享福啦。這一下保皇黨們覺得機會來了，他們開始在議會裡興風作浪，逐漸增加著席位，準備一步步回到國王的時代。

　　拿破崙遠在國外，對國內的事情可是一清二楚，他不動聲色，只是把他的大將奧熱羅召

來，請他回巴黎探親的時候順便「收拾」一下這個局面。能征慣戰的奧熱羅心領神會，抵達巴黎，馬上用重兵封鎖街道，衝進議會，將一堆保皇分子丟進牢房裡；不但圓滿完成了拿破崙交代的任務，而且沒有露出主帥跟這件小事的關係。

　　議會馬上投降，給了新政府更大的權力。新政府的官員們可不笨，他們明白，以後就要看軍隊的臉色過日子啦！他們緊張的注意著光輝萬丈的拿破崙，他哪裡像一個遠征軍的將領？他根本已經是那個地方的統治者！更不要說，他對法國國內的政局也有巨大的影響力！他們覺得，拿破崙的力量實在太大了，一定得給他比較大的麻煩才能壓住他的氣焰。

　　新政府請拿破崙回國，並且任命他為進攻英國的總司令。

這時候的拿破崙獲得全國老百姓的熱烈歡迎。想想看吧，他帶給了義大利自由，他「找」來的藝術品大大充實了巴黎的博物館，他的軍隊俘虜了奧軍十五萬人，在大小六十五次戰役中大獲全勝！他真是法國的保護神呀！更不用說，他馬上就要去教訓那個橫行海上的大海盜、那個驕傲的英國了！

面對官員們的假情假義，面對老百姓的歌功頌德，拿破崙非常冷靜。他說：「如果，今天，我被送上斷頭臺，他們大概也是這樣興高采烈！」

他閉門不出，和他的將軍們仔細研究英國的情況。渡過英吉利海峽，進攻英國？那根本是痴心妄想！打擊英國的方法有很多，最狠的一招就是進攻埃及，攔腰切斷英國與印度之間的貿易通道，給老英國一個致命的打

擊！

這個主意太有吸引力啦！要知道，這可是亞歷山大大帝做過的最偉大的事業啊！當年，古希臘的文明被大帝的手一直送到遙遠的印度！現在，拿破崙來了，他要把優美的法國文化也送到遙遠的東方！要知道，世界上一切最偉大的盛名都是來自東方啊！

但是，我們不能不承認，在那個資訊並不發達的時代，拿破崙的思考出現了三個巨大的錯誤：第一、他對在貿易中積累了巨大財富的英國認識不足，他低估了英國的國力。第二、他對英國海軍稱霸世界的戰鬥力和豐富的海戰經驗估計不足。第三、他對沙漠氣候、沙漠的生態環境一無所知。

這三個「無知」帶來的危險是巨大的。但是，拿破崙是逆境英雄，越是艱難，他越是會創造

出奇蹟來，這就是後人不斷津津樂道的「拿破崙神話」。

1798 年 5 月 8 日，拿破崙告別約瑟芬，登上「東方號」旗艦，率領著他浩浩蕩蕩的遠征艦隊向埃及進發。他有十三艘戰列艦、七艘快速艦、數艘砲艦，運輸船隻三百多艘，滿載著三萬五千軍人。在「東方號」上，他帶去了好多位學者、專家，他親切的稱呼他們「埃及研究院」；他也在船上設立了一個小小的私人圖書館，歷史與名人傳記就有一百二十五卷。但是，他卻沒有為士兵準備夏天的衣物，連軍用水壺都沒有預備！

英國海軍上將納爾遜獲得情報，知道拿破崙已經揚帆出海，馬上趕到海上搜索。在希臘南端的克里特島，差一點望見了法軍艦隊！英國人速度快，比法國人早兩天抵達埃及亞歷山大港，轉

了兩圈，沒有發現法國艦隊的影子，再轉頭搜索。就這樣一轉兩轉，拿破崙居然擺脫了納爾遜的追擊，平安抵達亞歷山大港，在7月2日，一舉打進亞歷山大城。

當時的埃及，說起來屬於土耳其，但是有一個不承認土耳其政府的軍事集團在實際上控制著埃及，這集團的領導人是兩個非常會打仗的土耳其軍官。拿破崙一方面要求自己的軍人尊重伊斯蘭教、尊重穆斯林，一方面告訴土耳其蘇丹，告訴埃及的老百姓：法軍進攻埃及，完全是「幫土耳其政府的忙」，他們是來消滅叛亂分子，推翻壓迫埃及的軍事集團，「解救埃及」的。

納爾遜的艦隊已經離得不遠了，拿破崙急忙把艦船上的裝備卸下來，匆匆忙忙，帶著大隊人馬，穿過沙漠，向埃及首都開羅

進發！

7月的沙漠！那根本是地獄啊！沒有水壺的法軍一下子掉進火爐裡！周圍都是騎著馬、帶著刀的阿拉伯人，法軍士兵如果掉隊，就會被那些阿拉伯人殺掉……。部隊忍飢挨渴，不敢休息，拚命趕到尼羅河邊。整個軍隊被沙漠的嚴酷修理得很慘，很慘。

拿破崙毫不畏縮！他繼續勇往直前！士兵們渴極了，大膽問他：「將軍！你就準備這個樣子帶我們去印度嗎？」拿破崙沉著回答：「不！我才不帶你這樣的士兵去印度！我只帶好樣兒的去！」那士兵馬上覺得羞愧難當。軍隊的士氣卻被鼓動起來了！人人都要做「好樣兒的」軍人！

等到大部隊都到了尼羅河，大家才明白，拿破崙在極困難的行軍路上，不但和大家一樣忍耐

酷熱，而且，他已經想到了消滅騎兵的作戰方案。在順著尼羅河繼續前進的路上，拿破崙教導軍官們，把士兵們整師整師的排列成巨大的方陣，每個方陣的四角都配置了火炮。軍官們和士兵們從來沒有排列過這麼大的方陣，但是他們明白，和他們同甘共苦的將軍一定是想到了最棒的破敵方案！

　　是啊！拿破崙從亞歷山大大帝的馬其頓方陣裡得到了啟發，把那古老的方陣大大的增強，加上火砲的威力，讓這方陣保護法國士兵、摧毀阿拉伯騎兵！

　　在7月的驕陽下，東方的騎士和西方的砲陣展開了大戰。神祕、美麗的尼羅河在身邊靜靜流淌，開羅的清真寺在遠處閃閃發光，四千年的歲月在交戰雙方的身邊捲起一陣陣熱風，金字塔哀傷的蒙上了眼睛。

騎兵向方陣衝擊，遠距離的時候被火砲轟倒，捨生忘死衝近了，卻面對著密集的刺刀與槍彈。從側面包抄吧，卻落入兩個方陣之間！駿馬與騎士像被割倒的草一樣成片的倒下！

這就是拿破崙的金字塔之戰！以三十人陣亡、三百人受傷的代價為法國奪取了一個新的殖民地。

把抵抗者一直趕到了敘利亞之後，拿破崙得到消息，英國海軍上將納爾遜找到了停泊在港灣的法國艦船，用一千門火砲，把它們一一擊沉了！「東方號」已經變成了碎片！逃走的法國戰列艦和快速砲艦一共只有四艘！在陸地上得勝的法國大軍被困在埃及，動彈不得了！

全軍沮喪！人人垂頭喪氣。

只有一個人還是鬥志昂揚，他就是拿破崙。

　　「既來之，則安之！」拿破崙的東方之夢並沒有破滅。他把「埃及研究院」的專家們都找了來，在一個土耳其的宮殿裡，讓這個研究機構正式的運作起來。他要在這裡安營紮寨，他要把埃及建設成一個後方基地，除了供應法國遠征軍所需要的物資以外，也要給黑暗的非洲大陸帶來「一線光明」！

　　雄心萬丈的拿破崙在埃及的豐功偉績，感動了很多的歷史學家。想想看吧，這個時候，他的敵人在做什麼？奧地利的統治者躺在花園裡曬太陽。英國海軍上將納爾遜認為:「拿破崙已經完蛋了！」他甚至不斷的釋放法軍的戰俘，讓這些傷病員「回到埃及去」，好好的去「增加拿破崙的負擔」！

　　拿破崙卻正在發揮他在數學和土木工程方面的天才，與專家

們一起來建設埃及！他的研究院工作得熱火朝天！瞧吧，農作物的耕種面積迅速擴大，麵包坊一個一個建立起來，葡萄園出現了、啤酒廠出現了、鑄造廠和工廠出現了，連火藥也可以自己生產了！

古老的埃及文明曾經帶給歐洲多少好處啊！在一千多年阿拉伯人的統治底下，埃及的輝煌慢慢的失去了顏色。現在，卻是拿破崙在努力回報埃及！連最刻薄的歷史學家也不能不承認，拿破崙絕對是太特別、太特別了！

偉大的科學研究工作可不是只停留在尼羅河三角洲和開羅一帶，和平的建設與文化研究也發展到尼羅河中游，孟菲斯燦爛的埃及古遺址的面紗被揭開了，一些文物也就經過亞歷山大港，向巴黎「流」去。

拿破崙自己的興趣卻在歷史

與詩歌上。歷史讓他腳踏實地，一步步建立功業。詩歌讓他充滿想像力，充滿浪漫色彩。他對各種學問非常好奇，他所有的晚上的時間都是在和專家們討論天上、地上的學問。他知道，天下最要緊的事情不是一般的征服，而是對「無知」的征服！也就是說，天下最要緊的事情就是教育。教育是不應該中斷的，哪怕是遠征到這「不毛之地」！於是，他身體力行，鼓勵軍官和士兵讀書。

拿破崙也明白，所有的建設都必須有一個穩定的政治環境來保障，他一開始就請埃及的伊斯蘭教長們組織成國家行政會議，來決定國家行政方針。為了發展貿易，他甚至親自去尋找古代開發運河的遺跡，希望有一天能開出一條通海運河……將埃及和世界好好聯結起來。

　　和平的建設不得不中斷，土耳其向法國宣戰！法國在開羅的部隊受到猛烈的攻擊，拿破崙再次把注意力放在軍事上。

　　敘利亞的土耳其總督，綽號叫做「屠夫」，在英國人支持下，在敘利亞和埃及邊界的法克集結了大量兵力，準備入侵埃及。

　　拿破崙決定主動進攻，一舉拿下法克，消滅敵軍主力。

　　從戰略上來看，拿破崙並沒有錯。如果他在開羅等敵人上門，他必得迎戰陸地與海上兩支敵軍，因為土耳其的大軍已經出海，向埃及進發了。

　　1799 年 4 月 15 日，這是一個棒透了的日子！拿破崙只用兩個師的兵力，發揮了他自己發明的駱駝騎兵沙漠作戰的強大威力，居然打垮了七倍以上的敵軍！在近代戰爭史上，這以少勝多的輝

煌戰例，直追當年亞歷山大大帝的戰績呀！全軍快樂無比，拿破崙卻清醒著，他知道，重點完全在於能不能打下法克，消滅「屠夫」。

英國軍隊直接參加了法克的保衛戰，拿破崙圍攻這個地方長達九個星期，損失的兵員達到五千人。法克城下，法國軍人的屍山血海讓拿破崙咬牙切齒。但是，海風送來了土耳其援軍。拿破崙只好下令撤退，在回程中，拿破崙和他的士兵們一起徒步行軍，用馬匹和駱駝運載傷病員。所有的傷員都平安返回。從此，拿破崙不再是「百戰百勝」的將軍，他已經有了一次失敗的經驗。

7月14日，一支土耳其艦隊試圖在亞歷山大港登陸，拿破崙馬上率領大軍前往迎擊，狠狠的粉碎了土軍的進攻，鞏固了法國

在埃及的控制權。就在戰鬥結束的時候，他得到消息，法國在義大利和萊因地區被奧地利和俄國打敗！國內局勢動盪！法國危急！

8月18日，拿破崙帶領最忠誠的將軍和謀士們，乘一艘快速砲帆船返回法國，其中甚至有一位藝術家。

他們將在巴黎再建輝煌。

拿破崙語錄

＊在我的字典裡找不到「不可能」這個字。

6

第一執政

　　1799 年 10 月 9 日，清晨，火紅的太陽照亮了海面，拿破崙躲過了英國海軍的搜索，回到了法國。

　　「天哪！那是真的嗎？拿破崙將軍回來啦？！」老百姓奔走相告。要知道，不久以前，謠言滿天飛，說是拿破崙在開羅被刺客殺死了。現在，這大英雄活生生的站立在船頭！怎麼不讓人高興得跳起來？

　　大家蜂擁而上，把拿破崙和他的朋友們抬起來，舉到空中，大聲的歡呼著。

　　拿破崙急得大叫，「埃及正流行傳染病，我們得看過醫生才能和各位見面！」大家哈哈大笑，「奧地利人比傳染病討厭多啦！您回來了，趕快幫著我們趕走奧

地利人吧！我們跟您上前線啊！」

拿破崙真的是感動了，他剛剛在法克吃了敗仗，法國老百姓卻還是把他看成救苦救難的大英雄。他和朋友們來到巴黎，一路上都受到了熱烈的、激動人心的歡迎。整個法國把希望放在他身上。

政府的官員們都很明白，拿破崙在這非常時刻回到法國，絕對有他的目的。陸軍部長甚至表示，拿破崙沒有接到指示就返回法國，違犯軍紀，應當受到處分！拿破崙卻冷笑著說：「我們流血打下的義大利，被你們斷送掉了，你們應該接受什麼樣的處分？要處分我？等我收回了義大利再說吧！」

很多政府大員本來就不滿意政府的軟弱和腐敗，現在，他們乾脆站在拿破崙這一邊，警告拿破崙在政府裡面的敵人，「拿破

崙的力量無比巨大！你們沒有能力扳倒他，死了心吧！」

就在 11 月，也就是史書上記載的「霧月」，拿破崙在巴黎發動了一個不流血的政變，把整個政權牢牢的抓到了自己的手裡，成為法國的第一執政。

上臺之後，拿破崙馬上制定兩項安民措施：他嚴格禁止抓捕反對黨和保皇黨人，禁止國內的恐怖行為。他大力減稅，減輕老百姓的負擔，嚴格禁止官吏用徵稅的辦法聚集個人的財富。

拿破崙深深了解，想要把已經大軍壓境的奧地利人和英國人趕走，他必須先給自己的老百姓和平與安定！他必須牢牢掌握住政權，讓整個法國在他的意志下面團結起來！

1799 年年底，拿破崙領導的政府制定了新的憲法，明確告訴大家，革命時期已經結束了！在

第二年年初，法國老百姓在公民投票當中，用三百多萬贊成票支持了拿破崙！那個年代，女子還沒有投票權，如果女子也能夠投票，拿破崙一定可以得到更多的支持！

現在，他可以專心對付國外的敵人了。他首先給奧地利和英國的國王寫信，表示了法國希望和平的願望。結果，奧地利把他挖苦了一番，英國更是破口大罵。

拿破崙把這兩個國家的回答公開告訴法國老百姓。整個法國一下子團結在了拿破崙的周圍，法國人決心跟隨拿破崙，打垮法國的敵人！

熱情不等於勝利，拿破崙仔細的研究整個歐洲的情況，仔細研究每一個細節，尋找敵人的弱點，準備狠狠揮出他的鐵拳，給敵人以致命的打擊。

　　首先，他要給自己的軍人最大的光榮，他寫信給軍隊的士兵，稱呼他們，「我最勇敢的朋友們」，他一次又一次在巴黎的皇宮接見軍人，檢閱軍隊。當那些被燒焦的戰旗在他面前經過的時候，他都會摘下帽子，鞠躬致敬。他的誠懇感動了無數軍人，大家都決心跟他一道去赴湯蹈火！

　　不但如此，他大力發展經濟，非常迅速的建設起一個煥然一新的巴黎。他大張旗鼓發展教育，在短短的時間裡就營建了四千多所小學、七百多所中學、四十五所大學。他全力以赴，要在出征之前，安頓好國內大人、孩子的生活⋯⋯

　　拿破崙細心研究他的新對手，奧地利軍隊在義大利的總司令梅拉斯，這位將軍已經七十歲了，卻在拿破崙轉戰埃及的歲月

裡「收復」了義大利，長時間圍困駐在熱那亞的法軍，讓法國軍人得不到給養，處境十分悲慘！要怎樣對付這老狐狸呢？拿破崙的眼睛盯住了瑞士，他決定要翻過冰雪覆蓋的阿爾卑斯山！從敵人的後方出現，將敵人團團圍住，徹底趕出義大利！

　　大家大概都記得一幅非常棒的油畫，標題叫做「拿破崙翻越阿爾卑斯山」。畫面上，英俊瀟灑的拿破崙騎在一匹雪白的駿馬上，馬蹄颺起積雪，正在狂風中英勇攀登，十分的帥氣、十分的壯麗。其實，翻越阿爾卑斯山的時候，拿破崙騎著一匹老實巴交的騾子，韁繩握在一位農民的手裡，緩緩前進，一點也不瀟灑。拿破崙心事重重，他在熱那亞的部隊已經彈盡糧絕！幾乎餓死的部隊要求撤出熱那亞。他們跟梅拉斯交涉：「放我們離開，要不

然，我們就用刺刀殺出一條血路！」梅拉斯讓這些法國軍人離開了。也就是說，拿破崙現在重新返回義大利，原來的法國駐軍沒有辦法與他裡應外合！

拿破崙突然出現在義大利，現在他與奧軍對峙的情況和早年的情形正好相反，拿破崙的包圍線拉得很長，被鬆鬆的圍住了的奧軍卻很自然的集中了大量兵力！就在這時候，拿破崙的大將德塞從埃及回到了巴黎，聽說拿破崙殺進了義大利，他馬上日夜兼程趕赴前線。拿破崙看到德塞來了，高興得不得了，馬上請他帶大軍南下，強力阻止將要和英國軍隊合流的奧軍。

當時，有情報說，拿破崙從天而降，把梅拉斯嚇壞了，他拼命往南跑，準備和英國人一道據守義大利南部。真實的情況完全相反，梅拉斯靠自己的力量在義

大利創造了豐功偉績，他根本不願意依靠英國人！他要自己殺出重圍，狠狠教訓拿破崙！

結果就是，1800 年 6 月 14 日，拿破崙的軍隊在馬倫哥這個地方遭遇了和自己數量相等的奧地利軍隊！奧軍根本不準備逃跑，他們已經準備好了，要與拿破崙決一死戰！

雖然情報錯誤，但是法軍一向訓練有素，拿破崙又一向善待軍隊。在這危急關頭，法軍將士人人奮勇、個個爭先。兩軍殺得天昏地暗！在最緊張的情況下，拿破崙率領自己的一千人貼身衛隊也殺進戰場，仍然阻擋不住像潮水一樣衝來奮不顧身的奧軍！

有一個商人正好路過，看到法軍「節節敗退」，就奔回巴黎，大叫，「拿破崙完蛋了！」所有反對拿破崙的政治力量欣喜若狂，準備迅速聯合起來，廢除這

第一執政！

馬倫哥血流成河，拿破崙危在旦夕！德塞得到消息，迅速北上，救援主帥。當奧軍背後塵頭大起，德塞大軍殺聲震天衝將過來的時候。拿破崙知道，他最輝煌的時代開始了！

馬倫哥大戰以奧軍慘敗、完全退出義大利告終。從此，北至阿爾卑斯山，南到那「靴子」的「後跟」，整個義大利重新被拿破崙控制住了。瑞士、荷蘭、西班牙都看拿破崙的臉色行事。英國雖然恨得牙癢癢，也沒有什麼辦法可想，只好眼睜睜的看著拿破崙大展鴻圖。

馬倫哥大戰，法國軍隊與奧地利軍隊各自都損失了三分之一人馬。法國軍隊最痛心的是失去了忠誠、勇敢的德塞將軍。德塞戰死，拿破崙心碎，他長時間垂頭站立在德塞的遺體前，毫不掩

飾他的悲傷。後來，拿破崙在巴黎為德塞豎立紀念碑，緬懷這位忠勇的軍人。

對於他的敵手梅拉斯，拿破崙也是尊重的。在與奧地利簽訂和平條約的時候，這位法國的第一執政並沒有趕盡殺絕。他清楚告訴奧地利國王，他如此禮讓，只是要表達他對梅拉斯老將軍的敬意！

當然，拿破崙的勝利粉碎了在巴黎黑暗角落裡所有的陰謀。第一執政在返回巴黎的途中就開始建立一個有效的情報系統。這個系統將幫助他，不管是在戰爭中，還是在和平的日子裡。

從德塞的忠誠，拿破崙也學到了很多，他大力提拔有能力的文官、武將。這些人只要能幹、忠於憲法就可以了。拿破崙並不在乎這些人是不是反對過自己。這樣一來，第一執政就把許多真

正有用的人團結在自己的周圍，建立了一個積極的、有效率的政府。到了這個時候，想「扳倒」他的人就更沒有希望啦！

第一執政生活在一個對宗教「又信又不信」的社會裡，他自己對任何宗教都沒有非常結實的信仰，但是，他非常了解，宗教有安定人心的大作用，對社會的安定也是有很大的好處的。馬倫哥大捷給了他機會，與梵蒂岡的教皇和解。大革命的時期，革命黨人強迫教士還俗，甚至結婚。現在，拿破崙制定了新的法律，教士們可以回到傳統的宗教生活。這樣一來，拿破崙得到了很多宗教界人士衷心的支持。社會也就更加安詳了。

拿破崙最偉大的貢獻，像金字塔一樣崇高的偉大功績，就是他建立了《拿破崙法典》。在他之前，法國所謂的「法律」根本

是一團亂，矛盾百出。

第一執政指定一批專家編輯法典，他們日夜不停的工作了四個半月。然後，開始審議，一共開了一百零二次會議，每一次，都要討論八、九個小時。這些會議裡面，有一大半，拿破崙親自參加。

每一次，大家被可怕的法律術語弄得頭昏腦脹的時候，拿破崙都會站出來，把這些困難重重的結解開，把無比複雜的句子錘鍊成通順、明白的法語。他無比頑強的實事求是的精神感動了所有的專家。

終於，這兩千兩百八十一條法律條文經過了層層審議，合成了一部非常完美的法典。整個過程簡直就好像建築金字塔。其中，好多巨大的石塊都是拿破崙親手砌上去的，尤其是他對公民權利的維護特別讓專家們佩服。

　　1804 年，《民法典》正式通過。經過修訂和補充，1807 年，被正式命名，叫做《拿破崙法典》。這部法典馬上就在法國、義大利使用，很快也被荷蘭和波羅的海國家採用。它也大大影響了德意志、普魯士、瑞士和西班牙，甚至影響到遙遠的美洲大陸。

　　面對著一個又一個勝利，拿破崙的想像力不斷的飛翔著，他用六千萬法郎的價錢，把法國在美國巨大的殖民地路易斯安那賣給了美國。法國人反對這個瘋狂的主意，他笑著說:「讓這片大草原好好的加強美國的力量！英國人不是在海上稱王稱霸嗎？讓美國人好好的收拾他們！」

　　俄國人一向與法國不和，現在，因為受不了英國人的傲慢，也開始與法國人合作啦！拿破崙開始把他的眼光投向澳洲、紐西

蘭、遠東，這些英國的「後院子」，讓英國人緊張得不得了……他們決心要除掉這個勁敵，或者把他幹掉，或者把他誘捕到一個孤島上，在那裡把他囚禁至死。英國人暗中謀算著。

在巴黎，從表面上看起來，一切都好得不能再好。只不過，第一執政心裡有一個很大的陰影，他沒有自己的孩子。約瑟芬沒有給他生下孩子。約瑟芬的兒子歐仁非常優秀，跟著拿破崙出生入死，已經是出色的軍人。拿破崙非常喜歡這位沒有野心的青年，把他看做好朋友，但是，歐仁不是自己的兒子。

這麼大的國家、這麼偉大的事業，將來要交給誰呢？第一執政深深的擔憂了起來。

7 法國皇帝

　　1800 年 12 月 21 日，也就是法國人都記得的雪月災難日。這一天，巴黎歌劇院要盛大演出海頓的作品「創世紀」。全巴黎的人都知道，這天晚上，拿破崙一定會去看戲。

　　賣麵包的小女孩瑪麗對這樣的消息沒有興趣，她必須要把籃子裡的麵包都賣掉，才能回家吃晚飯。她把已經破了的大衣裹得更緊，把方頭巾在下巴底下打個結，讓自己覺得稍微暖和一點，打起精神，在塞納河邊走來走去。「新鮮的夾心麵包。」十四歲的瑪麗清脆的吆喝著，希望籃子裡最後三個麵包很快可以賣掉。天已經快要黑了。

　　就在這個時候，有一個瘦瘦高高的男人，穿著工人們常常穿

的藍色罩衫，走到瑪麗面前，「你的麵包怎麼賣呀？」「一個蘇。很好吃，很新鮮的。」瑪麗回答。那男人臉上有一條疤，他和顏悅色的跟瑪麗說：「三個麵包都賣給我，好不好？」瑪麗開心極了，笑著說：「太謝謝您啦。」那男人又問她：「妳叫什麼名字？」「瑪麗。」瑪麗在想，這叔叔以後大概還會買麵包呢。那男人又說：「我在前面街上停了一輛馬車，現在由我的一個同伴在看著，我和他得去一個地方，跟人家談一筆小生意。瑪麗，妳可不可以幫我們看一會兒那輛馬車呢？我給妳十二個蘇。」那男人很客氣很溫和的問瑪麗。

麵包已經賣完了，帶出門十個麵包，拿回家十九個蘇，媽媽會多麼高興啊！想到媽媽的笑臉，瑪麗開心的笑了。她高高興興的回答：「馬車在哪裡？我幫您

看著。」那男人把十二個蘇放在瑪麗的手心裡。瑪麗仔細的把錢收好，把麵包交給那男人，提著已經空了的籃子，跟著他走向聖尼凱斯大街。過馬路的時候，那男人還牽起瑪麗的手。瑪麗很放心，她覺得這個男人和那些常常叫住她買麵包的工人叔叔沒有什麼兩樣。

瑪麗什麼也不知道。她不知道這條街是拿破崙去看戲的必經之路。她不知道馬車上一個個木桶裡裝的不是酒而是炸藥。她也不知道買麵包的男人不是普通的工人，而是保皇黨派來的殺手。她更不知道，英國人用好多金幣買通了好多人，周密安排了這個爆炸計畫。

瑪麗只知道，這輛馬車擋住了三分之一的路面，那工人叔叔和他的同伴已經用石頭把車輪固定住了，拉車的老馬站在牆根，

差不多已經睡著了。她沒有什麼事，只要拿著馬鞭子，站在角落裡看著車，不要讓人「偷酒喝」就行了。那兩個大人「很快」就會回來的。

很快到來的，卻是拿破崙的衛隊，他們騎在馬上，好漂亮啊！瑪麗緊緊抓住馬鞭子，抓住自己的小籃子，靠在牆壁上，仰頭望著這些漂亮的軍人。她完全不知道，那兩個人已經回到了馬車的另一邊，點燃了導火線，把她留在馬車旁邊，自己一溜煙就在人群裡消失不見了。

街上擠滿了人，臨街的窗戶都被推開了，大家都伸出頭來歡呼著，「看啊，拿破崙來了！第一執政萬歲！」一條紗巾從頭頂高處冉冉的飄下來，就在紗巾的正下方，拿破崙的馬車飛快的衝過，瑪麗看見了這位將軍的側面，還來不及發出聲音，那條漂

亮的紗巾擋住了視線，同時，聽
到了轟隆一聲巨響……

淡紫色的美麗紗巾冉冉飄
下，是十四歲女孩瑪麗在人間看
到的最後景色。十二個蘇的銅板
飛了起來，一一滾落到斷牆、磚
塊、碎玻璃、橫七豎八的屍體中
間。

拿破崙死裡逃生。他的馬車
距離爆炸現場十多米而已，馬車
玻璃完全被震碎了！他沒有驚
慌，用平靜的聲音指示車伕，繼
續前往歌劇院。他知道，在他身
後死了很多老百姓，但是他不知
道，有一個女孩子的名字叫瑪
麗。

第一執政抵達歌劇院，座無
虛席的劇院裡人聲鼎沸，大家都
站起來向拿破崙致敬，慶賀著暗
殺者的陰謀失敗。

拿破崙不動聲色，但是他的
心裡充滿了憤恨，「為了殺我，

竟然炸毀了巴黎一個區，殺害了那麼多人！」他沒有看完歌劇就回家了，他要和他的情報人員展開調查，迅速找到雪月爆炸案後面的凶手。

四個月以後，那個買麵包的男人和他的同伴被送上了斷頭臺，最初的線索就來自塞納河邊賣零食的幾個小孩，他們告訴警察，「一個高高瘦瘦，穿藍色罩衫，臉上有一條疤的男人帶走瑪麗姐姐，讓她去看一輛馬車，他給她十二個蘇……」

跟這個爆炸案有關係的許多保皇分子都被逮捕、被關押、或者被流放。

到了這樣的時候，這個案子可以說是結束了。但是，拿破崙還活著，還在生龍活虎的領導法國、震撼歐洲！於是，保皇黨前仆後繼，繼續與英國勾結，繼續設計各種謀殺拿破崙的精密計

畫。這些計畫全都失敗了，拿破崙的情報系統運轉得非常出色。

英國政府明白，拿破崙絕對是大英帝國的敵人，他們不但要暗殺他，綁架他，他們也要和他正面作戰！英國海軍封鎖海港，讓法國的海軍動彈不得，他們更在 1803 年 5 月 17 日正式向法國宣戰！這樣一來，英國與法國就處在一個對峙的局面，戰爭隨時可能爆發！

1804 年，在一次審訊謀殺案主持者的時候，罪犯供出已經被推翻的波旁王朝最正統的繼承人甘當公爵與謀殺案「有關係」。這位公爵在大革命以後，一直擔任保皇黨叛亂軍的首領，奮不顧身的與共和國作戰。

甘當公爵曾經寫信給他的祖父：「我在法國邊境待命，一旦拿破崙去世，形勢就會大變……」甘當公爵也曾經寫信給英國政

府，「我願意為英王陛下效勞，統率聯軍，與法蘭西暴君決一死戰！」所有的文件都證明：甘當公爵忠誠於波旁王朝，反對拿破崙，並且聯合拿破崙的死敵英國。但是，沒有證據證明甘當公爵參與了暗殺陰謀。

　　拿破崙認為他自己應該與這公爵在戰場上決勝負。拿破崙的情報官卻堅持罪犯口供的真實性，堅持要殺掉甘當公爵。

　　拿破崙不願意隨便處決任何人，他通知手下，再審甘當，一定要弄清楚公爵與暗殺計畫之間到底有沒有關係。但是，已經來不及了，英俊、瀟灑、勇敢、坦率的甘當公爵已經被拿破崙的手下槍殺了。不管願意還是不願意，拿破崙手上已經沾上了波旁王朝的鮮血！拿破崙警覺，自己的命令在關鍵時刻竟然沒有用！那些在霧月政變裡幫助過自己的

人，現在正在傷害拿破崙的威信，正在一步步擴大他們自己的權力！他們殺了甘當，使得很多支持拿破崙的歐洲貴族寒心，他們開始離開拿破崙。

但是，保皇黨一次又一次謀殺拿破崙，「革命派」殺人的暴行，英國人對拿破崙的仇恨、英國對法國宣戰，這所有的事情都加在一起，讓歷史發生了巨大的改變。

謀殺拿破崙，是因為他是共和國第一執政，殺了他，政局大亂，舊王朝可以在亂中復辟。如果拿破崙是皇帝，他可以立下好幾位法定繼承人，就算謀殺成功，法定繼承人還是可以執掌政權，所以謀殺就不再有意義了。而且，如果拿破崙建立了新王朝，舊王朝也就死了心，謀殺事件有希望終止。再說，法國面臨與強敵英國的戰爭，將權力集

中，有利於法國。無論如何，在當時，除了拿破崙，沒有人能夠保護法國！

於是，議會各院請拿破崙做法國人民的皇帝，確保法國的長治久安。

1804 年 5 月 18 日，公民表決，三百五十七萬票支持，兩千五百票反對，拿破崙，這位來自科西嘉的年輕人，被封為法國的第五十一位國王。共和國滅亡，新帝國誕生。

到了這個時候，他的家族成了他最大的麻煩。他非常希望姪子小拿破崙成為他的法定繼承人，結果家裡人吵鬧不休，他只好讓兄弟們日後繼承皇位。

在安排職位的時候，他緊緊抓住了軍隊，跟他出生入死的將軍們都得到高位。

1804 年 12 月 2 日，拿破崙舉行盛大的加冕典禮，從教皇庇護

七世手中接過皇冠，自己戴在頭上，正式成為民選的法國皇帝——拿破崙一世。

在一片歡呼聲裡，只有當時住在維也納的偉大音樂家貝多芬表示了強烈的抗議，他創作的一部交響樂，本來是要獻給拿破崙的。現在，他聽說拿破崙竟然做了皇帝，憤怒的撕碎了他的獻詞，給這部偉大的作品一個不太明確的標題，叫做「紀念一位偉人」。後來，就以《英雄交響曲》傳世。

拿破崙沒有讓這些「小事」影響他的心情，他像上了發條的機器，每天工作十八個小時。安頓國內、積極準備新的攻伐，忙得十分快樂而且才華橫溢。

8 歐洲顫抖

　　大家眼睛裡的拿破崙皇帝，當然是說一不二、喜怒不形於色、大權在握、高高在上的君王。其實，拿破崙相當溫和、善良，很多普通人都記得皇帝是怎麼對待他們的。

　　有一天，他在布里安軍校的書法老師家裡遭到不幸，去找拿破崙想辦法。拿破崙看到老師，就跟他開玩笑，「您的臭學生在此，向您致敬！」老師衣服破舊、面有菜色。拿破崙不等老師提出請求，就大大的給了老師一筆錢。後來，他還常常想到這位老師，派手下送錢送酒給他。

　　當年，拿破崙在瓦朗斯當砲兵的時候，薪水多半寄回家給母親，當地小酒館的老闆娘喜歡這個孝順的年輕人，常常讓他欠

帳。拿破崙掌權之後，到砲兵陣地視察，問軍中兄弟，那位老闆娘是不是還健在。大家說，她還是那麼和藹可親！拿破崙親自去道謝，還送給老闆娘一袋子金幣，很不好意思的表示，「只是來還早先欠下的酒帳而已。」

至於曾經參加過土倫戰役、或者跟他遠征義大利、遠征埃及的老兵們，拿破崙一定好好照顧他們，讓他們的晚年豐足、平安。正是因為他善待軍人，他的軍隊永遠朝氣蓬勃、能征慣戰。法國的年輕人都覺得，能夠成為拿破崙麾下士兵，跟皇帝衝鋒陷陣是非常光榮的。

對跟在他身邊工作的人，拿破崙賞罰分明。他是急性子也是工作狂，難免錯怪了人。如果錯了，他一定很誠懇的向人道歉，也不管那人職位高低。這種態度也就讓他的部下真正死心塌地的

跟著他赴湯蹈火。

正因為他是這樣一位皇帝，他才能夠成為真正的戰神。拿破崙指到哪裡，整個法國就打到哪裡。讓他的敵人聞風喪膽。

成為法國皇帝以後，拿破崙集中了力量，決心要與英國開戰，他先派出三支部隊，表示他準備在非洲、亞洲和美洲同時向英國發難，希望讓英國糊裡糊塗，把主力分散到不同的地區。老奸巨猾的英國並沒有真正上當，反而給法國海軍好大的麻煩。可是，在製造麻煩的時候，也傷到了西班牙海軍，西班牙馬上以牙還牙。 1804 年 12 月 12 日，也就是拿破崙加冕十天的時候，英國居然向西班牙宣戰！哈！這一下拿破崙馬上與西班牙結成聯軍，把強大的西班牙海軍和法國海軍結結實實的聯合起來。這樣一來，法西聯合海軍和英國海軍

的力量差不多一樣大了。拿破崙準備集結大軍，把已經歸順的歐洲小國也都聯合起來，揮師西進，在強大海軍的支持下，進軍英國。

英國是一個島國，拿破崙的偉大計畫不但要戰勝英國的軍事力量，還要戰勝英吉利海峽的狂風惡浪！很多人都覺得拿破崙的計畫實在是太瘋狂。但是，歷史學家卻認為，拿破崙這個人和當時準備進軍英國的那個時機，在歷史上都是獨一無二的！後來，拿破崙回憶這段日子，他說，「那時候，我根本是孤注一擲，完全沒有去想怎樣返回法國，一心一意，要拿下倫敦！」

就在這千鈞一髮的時刻，俄國與法國翻臉了。起因還是甘當公爵事件，公爵被殺，俄國沙皇亞歷山大非常難過，提出抗議。拿破崙反問亞歷山大，「當初，

您的父親老沙皇被英國人密謀暗殺的時候，要是您知道誰參加了那個密謀，您會不會抓住那個凶手?」喔！這簡直是一支毒箭，差一點要了亞歷山大的命！因為，亞歷山大自己參與了謀殺老沙皇的陰謀！拿破崙的問話等於直接控訴亞歷山大謀殺了自己的父親！亞歷山大惱羞成怒，與法國斷絕了外交關係，與英國結成了反法同盟，同時加入的還有瑞典與奧地利，普魯士也有可能加入。

就在這種情形底下，天才的拿破崙放棄了西進計畫，以迅雷不及掩耳的速度揮師東進。當時，奧地利政府完全糊裡糊塗，他們想，拿破崙已經集結了數十萬軍隊，正在準備西進。他們樂得看拿破崙葬身英吉利海峽！他們作夢也沒有想到，拿破崙的軍隊，來了一個一百八十度大轉

身，以黑雲壓頂之勢，筆直的撲向東方，拿破崙將要打他一生中最輝煌的一仗！

1805 年 12 月 2 日，拿破崙加冕一週年的喜慶日子，三皇會戰奧斯特里茨。在這之前，拿破崙大軍已經長驅直入，勢如破竹，橫掃毫無準備的奧地利軍隊。法國士兵快樂的高喊：「皇上發現了新的戰爭藝術，我們的武器不是槍砲，是我們的兩條腿呀！」

俄國沙皇亞歷山大年輕而固執，並不樂意聽取老將庫圖佐夫的建議。因為普魯士還在觀望，小心謹慎的庫圖佐夫就擔心著俄軍的力量會在這次會戰當中受到損失，儘量的按兵不動。沙皇卻覺得不必畏首畏尾，奧地利已經失去了首都維也納，奧地利皇帝當然要決一死戰，奧俄聯軍的數量超過法軍，此時不教訓拿破崙，更待何時？這樣一來，沙皇

和他最偉大的將軍就產生了分歧。

　　拿破崙那一邊正好相反，將軍們和士兵們團結一心，已經組成了銅牆鐵壁。最要緊的是，法軍將士相信，他們的統帥一定帶著他們奔向勝利。決戰之前，拿破崙還拍著老兵的肩膀，要他們「好好注意保護自己，儘量減少傷亡。」士兵們熱淚盈眶，決心好好打勝這一仗，為了法國，也為了他們的皇帝。

　　決戰一開打，法軍好像一隻攥緊的拳頭，反法聯軍卻成了鬆散的弧線，戰術方面的缺點完全暴露出來了。拿破崙揮出他的鐵拳，並且分兵追擊，在戰略戰術方面都成為軍事史上一個完美的範例。

　　三皇會戰，法軍參戰六萬五千人，傷亡八千人。奧俄聯軍參戰八萬二千人，傷亡一萬二千

人，被俘一萬五千人，一百五十門火砲被法軍奪取。

法軍大勝，但是，奧斯特里茨戰場上的彈雨刀林和沖天的血腥，讓那冬天的太陽連最後的一絲絲溫暖也失去了。最慘的是追擊的時候，奧軍和俄軍被追趕到一個湖面上，除了極少數人穿過沼澤地逃走以外，多半的人擠成一團，踩碎了冰面，落入冰冷的湖水裡。大批奧地利和俄國士兵就在那一天葬身在湖底。法國士兵追到湖邊，看到這個悲慘的景象也呆住了。拿破崙下令停止追擊，讓那些還活著的反法聯軍士兵離開這死亡之地。

拿破崙皇帝就這樣結束了這光榮的一天。亞歷山大逃回了俄國，奧地利皇帝在戰場附近就開始與拿破崙和談。就這樣，歐洲舊的權力集團一步步被拿破崙摧毀了。

　　拿破崙回到了巴黎，研究如何在大陸上給予英國沉重的打擊。他制定了一個「封鎖政策」，也就是說，要求每一個有海岸的歐洲大陸國家都不准英國海軍艦艇靠岸，不准任何英國商船靠岸，徹底粉碎英國和歐洲國家的貿易關係。普魯士和俄國都參加了英國的反法同盟，拿破崙一定要摧毀這個同盟，解決歐洲大陸上「最後」的麻煩。

　　為了紀念奧斯特里茨大捷，為了紀念死傷的法國將士，拿破崙下令，把從敵人手裡繳獲的大砲熔鑄成一座四十四米高的凱旋柱。這凱旋柱在 1810 年建成。今天，我們在巴黎看到這根著名的柱子的時候，就會記起三皇會戰這個戰爭故事。

　　普魯士終於把自己那把已經生鏽的長劍從劍鞘裡拔了出來，和拿破崙對抗，原因卻是一本

書。在紐倫堡有一位書商，出版了一本小書，沒有作者名字，題目叫做「深受屈辱的德意志」。這本書沒有鼓吹革命，但是飽含著愛國主義的熱情，拿破崙不但逮捕了這位可敬的書商，而且殺害了他。拿破崙就是要消滅普魯士所有的愛國刊物！普魯士憤怒了，普魯士國王在沒有得到英國、俄國、奧地利的任何支持的情況下，決心為了自己的尊嚴和榮譽，與拿破崙決戰！

文學的生存絕對需要自由的空氣，沒有心靈的自由、思想的自由，文學是沒有生路的。拿破崙時代，法國文學的發展幾乎是零，尤其沒有小說。我們從這次的「書商事件」能夠找到原因。

拿破崙只喜歡詩歌，德國詩人歌德也喜歡拿破崙，他們成了很好的朋友。在那一長段到處是戰火和硝煙的歲月裡，名將與大

詩人的友誼是一個非常有趣的景象。拿破崙也非常喜歡清晨的太陽，他總是在早霞裡擂響戰鼓、指揮進攻，讓那攻擊充滿了「詩意」。

普法大戰，拿破崙使用他的「營方陣」戰法，三支平行縱隊，每支五萬人，在三十哩的正面向前推進，無論敵人來自正面或者側翼，他都可以使用一個縱隊迎敵，兩個縱隊迂迴包抄或者支援中軍。這個戰術非常靈活實用，是拿破崙發明的許多戰術當中最棒的一種。

總之，法軍人數眾多、士氣高漲、有明確的進攻計畫。普軍戰法老舊、兵員不足，能征慣戰的將軍們沒有被重用。所以，還沒有等到日落，與拿破崙對陣的普軍就完全的潰敗了。原野上只看到拿破崙的「營方陣」像壓路機一樣滾滾向前！

　　奪路逃跑但是並沒有失去戰鬥力的四萬五千普軍，在奧爾斯泰特碰上了法國元帥達武，這位小個子元帥神氣十足，喜歡跳華爾茲舞，是一位堅定勇敢的軍人。他以逸待勞，用兩萬六千人打了一場硬仗，一舉粉碎普軍主力。到了這個時候，法國陸軍已經像洪水一樣在普魯士的大地上咆哮奔騰！

　　進軍普魯士，在二十五天內，拿破崙大軍浩浩蕩蕩進入柏林。 1806 年 11 月 21 日，拿破崙在柏林宣布，將與英國的工商業展開公開的、毫不留情的戰爭，「大陸必將征服海洋！」法國皇帝信心十足。

小羅馬王

　　1806 年年底，拿破崙向北看，那裡有一個土地面積遠遠超過整個歐洲的俄國，偉大的彼得大帝締造的俄國。他從來沒有到過這塊神祕而荒涼的大地，戰爭將要在那巨大的草原和沼澤上進行。拿破崙面對新的挑戰，他認真思索，作好充分的準備。法國皇帝鬥志昂揚的瞭望著北方。

　　戰爭的序幕在大雨當中拉開，戰無不勝的法國陸軍碰上了公牛一般頑強的俄國軍隊，每一場戰役都打得辛苦不已。幸虧天氣很快就變得非常寒冷，在冰凍的土地上，大砲的推進比在大雨當中容易得多。法軍一個村子一個村子的攻占，逐漸的向北移動，一場險象環生的惡戰終於在艾勞爆發。

　　這一天，正當兩軍在曠野裡殺得難解難分的時候，有消息說，拿破崙本人此時此刻在艾勞村指揮，他身邊只有一個「小部隊」！於是俄軍四千人的擲彈兵突擊部隊離開了血肉橫飛的正面戰場，直撲艾勞。這些俄國人速度之快，讓拿破崙身邊的將軍大吃一驚。俄軍已經非常近了，他們的馬蹄眼看就要踩到拿破崙了！披著灰色大衣的皇帝還是巍然不動，只說了一聲：「好大的膽子啊！」就揮揮手，讓他的近衛軍出擊！

　　這支堅強的隊伍因為皇帝沒有派他們出去參加大戰，正憋了一肚子氣。現在看到俄國人不知死活，居然殺到主帥面前來了，個個如同猛虎出閘，根本不開槍，乾脆和俄國人拚刺刀，兩軍迎頭相撞，分外眼紅，滿腔怒火的近衛軍所向披靡，頓時將來犯

的俄軍全部消滅。

在正面戰場上，在冰天雪地的荒野裡，兩支大軍都損失了將近一半的人馬，殺得天昏地暗，並沒有分出勝負，不得不在天黑之後休兵了。但是，俄國人長期生活在苦寒之地，永遠擔心糧草，所以俄軍將領為了糧草就節節後退。歷史學家認為，俄軍在自己的土地上後退的主要原因是他們的主帥缺乏拿破崙的英雄氣概。當然還有另外一個原因，俄國的盟友普魯士完全沒有出手幫忙。於是，拿破崙就把握機會繼續向北推進。

到了夏天，法國陸軍如虎添翼。1807 年 6 月 14 日，正是馬倫哥大捷七週年的好日子，拿破崙親自騎馬飛奔到弗里德蘭火線上，鼓勵法軍給俄軍最沉重的打擊。事實上，他已經看清楚，俄軍在這裡犯了戰術上的錯誤，把

五萬軍隊擠在河谷裡，撤退的通路只有一座橋，根本成了背水而戰的局面！

無論俄軍怎樣勇敢頑強，殘酷的失敗已經不能避免。這次大捷與拿破崙從前的勝利大不相同，從前，他都是在周密的計劃之後取勝的，這一次，他不失時機利用了敵人的失誤，巧妙布置進攻方向和路線，在戰爭史上留下輝煌的一頁。

弗里德蘭大捷把沙皇亞歷山大逼上了談判桌。「東帝」和「西帝」在一個裝飾華麗的木筏上開始了討價還價。木筏靜靜漂浮在河面上，木筏上面的密謀吸引了整個歐洲的視線……

在進攻俄國之前，拿破崙曾經為波蘭的獨立而戰。波蘭已經有十三年的時間被俄國、普魯士和奧地利瓜分。波蘭的老百姓把拿破崙看成解救他們的大英雄，

在拿破崙揮師北上的時候，給法國軍隊提供了巨大的支持。現在，拿破崙在談判桌上，用智慧的外交辭令、堅定不移的態度要求沙皇亞歷山大把俄國占領的波蘭領土還給波蘭，他甚至幫助波蘭建立了政府和領導機構，讓波蘭一步步恢復成一個獨立的國家。

在這個談判當中，最重要的改變是俄國不再與英國結盟，而決定和法國變成「朋友」。這裡面有兩個主要的原因，首先是英國的自私，當俄國和拿破崙打仗的時候，俄國的「同盟者」英國不但不幫忙，還利用航海條例給俄國的貿易帶來好大的損失！這麼可怕的「同盟者」，沙皇實在不能再跟他們合作了！第二是拿破崙的風度和魅力讓亞歷山大感覺很不錯。雖然拿破崙是勝利者，但是他對沙皇很尊敬。拿破

崙明白，「政治就好像一根繩子，拉得太緊，一定會斷。」所以，他和顏悅色，他的好看的嘴唇常常帶著善意的笑容，有時候，和沙皇聊得高興，還會露出雪白的牙齒。亞歷山大並不知道，其實，這時候的拿破崙內心非常痛苦，因為他最喜歡的姪子小拿破崙得病死了。拿破崙自己沒有孩子，他多麼希望，將來小拿破崙能夠繼承他的事業！但是，就在弗里德蘭大戰之前，他得到這個傷心的消息。一邊忙著作戰，他一邊也在想，也許應該解除與約瑟芬的婚姻，娶一位年輕的女子，生幾個自己的孩子……

沙皇與法國皇帝的談判與合作的消息傳到倫敦，英國人馬上以牙還牙，進攻丹麥，當然是要用行動反對拿破崙的「封鎖政策」。拿破崙只好進攻英國的朋

友葡萄牙。除了葡萄牙以外，教皇也反對這個封鎖政策，拿破崙占領了羅馬，並且在 1808 年 4 月 22 日把教皇控制的部分土地併入義大利王國，這樣一來，拿破崙完全控制了亞得里亞海岸，可以在這長長的海岸線上堅持封鎖英國。但是，法國皇帝和教皇庇護七世的關係就變得糟糕極了。教皇可是在皇帝的加冕典禮上為他祝福過呀，現在，他們簡直成了敵人！

雖然，拿破崙用各種辦法基本上控制住了歐洲多數國家，但是他發現，一向很聽話的西班牙好像不太對勁。西班牙的國王和王后還有那些大官們，得到拿破崙的好處，在法國皇帝面前非常乖順，對待自己的老百姓卻非常凶殘。西班牙人信奉天主教，對儉僕、溫和的教皇非常尊敬，拿破崙卻「搶」走了教皇一半領

土！現在，他們的憤怒爆發了，西班牙老百姓在全國範圍裡起義造反了！駐在西班牙的法國軍隊跑來跑去，到處「滅火」，效果卻不怎麼樣。

西班牙正亂著，英國人趁機攻打葡萄牙。在長時間的混亂裡，拿破崙在西班牙和葡萄牙的力量被大大的削弱了。英國人因為自己的歐洲貿易被拿破崙鬧得損失慘重，就更加努力發展他們的海上霸權，東方，神祕而富裕的東方讓英國人真的成了海上的霸主。

在這樣複雜的情形裡，拿破崙希望和亞歷山大聯手，一起向東方進軍。

東帝和西帝又見面了。這一回，他們不再是戰勝者和失敗者，他們可以平起平坐了。亞歷山大看得很清楚，拿破崙的麻煩可不少，西班牙起義、英國入侵

葡萄牙都是看得見的。拿破崙的老敵人——奧地利現在正在暗中磨刀，準備報仇雪恨！

沙皇亞歷山大微笑著。拿破崙的外交部長塔列朗是個深藏不露的野心家，一直想得到更高的地位、更大的權力，他從沙皇的微笑裡看到了深深的殺機，他知道，在葬送拿破崙的大戲裡面，英國、西班牙和沙皇都是重要的角色。

拿破崙希望沙皇和他一道對奧地利施加壓力，沙皇用太極拳推掉了。拿破崙還是很有風度的參加各種宴會，有一次，大家提到古老的《黃金詔書》，不能確定這部書的成書時代，拿破崙卻侃侃而談，講得非常仔細，各國學者大為驚訝。拿破崙只是很謙虛的說:「當年，我在瓦朗斯當砲兵中尉的時候，有一位非常善良的書店老闆，讓我讀了他所有的

珍貴藏書，所以略知一二……」他看到了沙皇流露出的濃濃殺機，但是，他還是覺得沙皇並不是自己主要的敵人，他很輕鬆的與詩人歌德聊天說地，給文學家們留下許多溫暖的回憶。然後，他就回到戰場上去了。

1808 年年底，拿破崙跟英國人在西班牙打了一仗以後，英國人很快就逃走了。他以為，西班牙的問題已經「解決了」。他沒有想到，那個膿腫只是從皮膚上被切除了而已，並沒有除根，日後是一定會發作的。

在拿破崙的軍事生活裡，多半時間是與奧地利作戰。1809 年春天，奧地利首先發難，甚至在多瑙河邊逼迫拿破崙背水而戰！拿破崙自己受了傷，他最忠誠的大將拉納犧牲！但是，拿破崙再次顯示他的英雄氣概，居然轉敗為勝，五戰五捷，第二次占領維

也納。奧地利再次投降。

拉納渾身是血，死在拿破崙懷中。臨終前，跟拿破崙說：「結束這場戰爭吧！」拉納也提醒拿破崙，他身邊有著一些危險的人。拿破崙淚如雨下，他知道，他失去了最好的朋友。

教皇卻趁機宣布將拿破崙驅逐出教，宣布他是一個「不信神的傢伙」。

這時候，奧地利外交家梅特涅高興極了，拉攏拿破崙的時機完全成熟了。拿破崙已經看到了和平的必要性，拿破崙的婚姻也不再受到宗教的保護，而奧地利與法國的和平是可以靠一個婚姻來創造的。

於是，梅特涅向拿破崙獻上美麗的奧地利公主瑪麗‧路易斯。

瑪麗公主，十八歲，是歐洲最古老皇族尊貴的公主。她從小

就聽說，拿破崙是一個殺人不眨眼的魔鬼。她親愛的父皇兩次被這個可怕的壞人趕出維也納。而且，母后和宮中的女官都告訴她，這個人，是個青面獠牙的老頭子！他已經四十歲了！

但是，為了奧地利的和平，她勇敢的犧牲自己，準備嫁給魔鬼。

1810 年 1 月 12 日，拿破崙正式解除與約瑟芬十四年的婚姻，這個婚姻因為沒有留下子女而結束。拿破崙在 3 月 30 日正式迎娶瑪麗‧路易斯公主，4 月 1 日在羅浮宮舉行宗教婚禮，結為夫婦。

哪裡想得到，拿破崙彬彬有禮、笑口常開、英俊瀟灑，而且一點也不老！拿破崙馬上就愛上了瑪麗公主，一分鐘也捨不得與她分開！所有的戰事都因為這美麗的婚姻而暫時的停頓下來了！

和平到來了！

　　1811 年 3 月 20 日，在巴黎老百姓的期待當中，拿破崙與瑪麗公主的兒子誕生了！他一出生就被封為羅馬王。拿破崙希望，人們看到他的兒子，就會想到神聖羅馬帝國的輝煌！

　　巴黎在萬眾歡騰中，鳴禮砲一百零一響。砲聲震動著玻璃，拿破崙的額頭緊貼著玻璃，他看到巴黎街頭老百姓為小羅馬王的出生載歌載舞，他聽到人們高呼，「皇帝萬歲！」他非常感動，淚水無聲的流淌……

拿破崙語錄

＊堅持必將成功。

10 期盼和平

　　幸福、美滿的婚姻加上小羅馬王的出生再加上歐洲各國基本上平安無事，法國很快的興旺發達起來，看起來，好日子已經到了。

　　但是，拿破崙雖然是一位軍事天才，他對經濟發展並沒有什麼新的知識，他不懂得，他提倡而且強制實行的「封鎖政策」給英國帶來了損失，同時也讓歐洲國家的經濟受到好大的影響，產品不能順利流通，物價飛漲，許多國家都非常的不滿意。其中，最痛恨拿破崙，一心要把他幹掉的正是俄國沙皇亞歷山大。 1810年年底，拿破崙發現，沙皇已經開始動作了，他正在集結大軍屯積糧草，準備大戰。

　　拿破崙期盼和平，不想再打

仗。他仔細研究俄國的歷史、地理、氣候、文化與社會。他慢慢的看出來了，亞歷山大不但有殺機而且野心極大，版圖這樣大的俄國卻總是想把波蘭和普魯士占為己有，甚至，沙皇夢想著巴黎！拿破崙明白，在英國人的挑撥下，沙皇的野心已經威脅到法國的安全，他不要戰爭，但是大戰恐怕已經沒有辦法避免。

拿破崙的元帥貝爾納多特來自一個貧苦的法國家庭，出生入死多少年，從士兵成為元帥。他和拿破崙沒有親密的關係，但是他是優秀的軍事家，被拿破崙封為親王以後，又表現出他治理一個地方的能力。拿破崙欣賞他，卻沒有看出他的野心，沒有想到貝爾納多特想要的是拿破崙頭上的皇冠。

野心家塔列朗卻看出來了。當瑞典王子去世，瑞典國王需要

繼承人的時候，塔列朗穿針引線，幫助瑞典國王選中貝爾納多特。貝爾納多特接受瑞典國籍，成為瑞典王儲，掌握了瑞典的大權。拿破崙本來覺得，這樣一來，法國和瑞典就更加親近了。沒有想到，貝爾納多特和沙皇亞歷山大勾結起來，向拿破崙公開宣戰，貝爾納多特直接叫罵，直指拿破崙是整個歐洲的敵人！拿破崙還想用他們共同作戰的友誼去感動貝爾納多特，貝爾納多特卻在向亞歷山大獻計，只要如何如何，就可以打垮拿破崙！

有了這樣的「幫助」，亞歷山大更有勇氣和拿破崙打仗了，他加緊準備。

拿破崙絕對要避免俄國的嚴冬，決定用五十萬大軍，速戰速決。除了二十萬法國陸軍之外，還有三十萬軍力由波蘭、義大利、普魯士、奧地利、德意志、

巴伐利亞等地軍人組成。在 1812 年 5 月進軍俄國。

對拿破崙心懷不滿的普魯士就好像開閘放水一樣，讓拿破崙的大軍滾滾流進俄羅斯廣大的原野，普魯士國王不動聲色，靜靜等待巨大的俄國把這大軍吸乾！

拿破崙忠誠的將軍科蘭古感覺到了歐洲國家的不懷好意，一再提出意見，希望拿破崙取消進軍俄國的計畫，「寒冷的天氣一定會整垮我們！」拿破崙還是希望在冬天到來之前就解決「俄國問題」。

俄軍一路撤退，看到法軍的影子，就轉身向北撤退，拿破崙找不到機會和俄軍決戰。他「速戰速決」的計畫就這麼被拖垮了。

拿破崙的對手，俄軍統帥庫圖佐夫是一位善良的、愛護士兵的老人，他差不多七十歲了，他

跟拿破崙一樣期盼和平。沙皇非常不喜歡他，但是俄國軍人都熱愛庫圖佐夫。庫圖佐夫覺得，幾年以前和法國交戰，俄國已經受到了巨大的損失。現在，又一次惹火了拿破崙，對俄國有什麼好處呢？他儘量按兵不動，不和拿破崙正面衝突，只有一個理由，他不願意看到他的士兵白白送死！

沙皇亞歷山大暴跳如雷，嚴令庫圖佐夫與拿破崙決戰，以振大俄帝國聲威。

9月7日，清晨，19世紀最慘烈的血戰在博羅迪諾展開！

在博羅迪諾，俄軍建立了一個非常堅固的大棱堡，火力強大。法軍全力衝鋒，遇到了頑強的抵抗。忽然之間，從法軍隊伍裡，快如閃電，衝出一隊胸甲騎兵，他們在槍林彈雨裡撲上那個斜坡，把那個可怕的土堡團團圍

住，刀光在陽光下閃成狂濤。緊接著，大批法軍騎兵衝殺而上，忠誠的守軍被殲滅得一乾二淨。庫圖佐夫在天黑以後，在砲火掩護下，悄悄撤走了他的隊伍。

整整一天，兩軍八百門大砲對射，猛烈的砲火大大增加了傷亡。這一天俄軍損失了一位親王、四十七位將領、五萬八千軍人。拿破崙方面，也留下了將近四萬具屍體。博羅迪諾成了屍山血海。

庫圖佐夫肝腸寸斷！他決心不顧沙皇反對，不管全國上下怎樣同仇敵愾，他要為俄國保存一點元氣！撤退！放棄莫斯科，繼續撤退！

拿破崙在一個星期之後進入莫斯科，準備接受沙皇投降。他以為，這「聖城」就好像俄國的心臟，俄國失去了心臟，怎麼會不肯投降呢？他沒有想到，莫斯

科根本是一座空城，居民都離開了。俄國人臨走的時候，又放了一把大火，將這個金碧輝煌的都市燒成了一片廢墟！拿破崙還在期待和平，期待沙皇跟他談判，簽訂和約，讓法國得到光榮的和平。但是三十六天過去了，沙皇沒有表示。拿破崙也沒有去尋找庫圖佐夫的主力。法國軍隊在莫斯科的三十六天裡消耗了鬥志，而冬天，俄國可怕的冬天已經悄悄的來了！拿破崙用了三十六天，終於明白，俄國的心臟不是莫斯科、不是聖彼得堡，而是廣大的原野。撤退已經來不及了！在返回法國的途中，大風雪、嚴寒、饑餓在這條撤退路上留下十多萬屍體！沙皇命令庫圖佐夫追擊，要老人「徹底消滅」拿破崙！庫圖佐夫只是遠遠跟著，將兩萬活著的法軍送出了國門，他不肯再消耗自己的一兵一卒！看

到凍餓而死的法軍，老人熱淚滾滾。他不久之後就去世了，他去世之後，俄國政府裡要求和平的力量大大減弱，沙皇更加瘋狂的加入絞殺拿破崙的軍事行動。

拿破崙在忠實的科蘭古的護衛下用了十三個不眠不休的日子，才返回巴黎。他沒有絕望，馬上投入建設新軍的工作。他不知道，在莫斯科的三十六天就是一個可怕的開始，他的帝國，集合了整個歐洲的大帝國就從這三十六天開始瓦解。

拿破崙在俄國只是敗在寒冷和大雪裡。在巴黎，卻有塔列朗的陰謀在等待他。在西班牙，英國名將威爾遜打敗了法軍，當初那一個膿腫變成了癌，法國的老夥伴西班牙變成了反對法國的重要力量。貝爾納多特利用沙皇沒有能夠殺掉拿破崙，現在，他跟塔列朗裡應外合，與普魯士勾

結，在普魯士和德意志掀起復仇的怒火，他們要利用日爾曼民族來絞殺嚴重受挫的拿破崙！沙皇覺得自己「打敗」了拿破崙，那麼波蘭「當然」就歸俄國了，他的鐵蹄隨便的踩在波蘭的土地上，他要和普魯士、英國、瑞典、西班牙，再加上一些小國，一起打到巴黎去！他們的心裡充滿了仇恨。

拿破崙是一位軍事天才，他從來不恨他的敵人。到了這種危急的情況，他還希望貝爾納多特回心轉意。他也覺得因為美國向英國宣戰，英國的力量已經被削弱了，至於普魯士和俄國，都曾經在他手下被打得落花流水呀！奧地利，他的皇后是奧地利公主，老丈人總不會要殺掉女婿吧！

但是梅特涅這隻狐狸，他已經把歐洲的形勢看清楚了。如果

英國、俄國、普魯士得逞，他們絕對不會善待奧地利。梅特涅要利用頑強的拿破崙為奧地利建立一個屏障，但是，他絕對不願意看到拿破崙大獲全勝，他也決不希望法國繼續擔任歐洲的霸主。於是，奧地利採取狡猾的觀望態度，同時假惺惺的扮演「調停」的角色，占盡了便宜，得到了許多好處。梅特涅大要外交手腕，春風得意。

　　整個歐洲局勢大變，法國的太陽卻還是拿破崙，法國老百姓給予他們的皇帝最大的支持。為什麼？因為，現在的情況可不是拿破崙要到外國去爭取什麼利益，現在的情況是，人家要打到巴黎來了！巴黎的守護神可是皇帝！於是，鬥志不滅的拿破崙居然在五個月裡組織、訓練起三十五萬新軍！他要用戰爭去贏得法國光榮的和平。

　　1813 年 4 月，奧地利還在左右搖擺，並不肯給法國任何幫助，俄國與普魯士卻在勝利挺進！法軍不斷傳來戰敗的消息，拿破崙不能再等待，他率領新軍奔赴前線。與進軍俄國不同，新軍裡多半都是法國青年，只有勇敢的波蘭軍人和一些巴伐利亞人參加了這支年輕的隊伍。拿破崙就要靠這支隊伍去擋住俄國與普魯士的瘋狂鐵流。

拿破崙語錄

＊聰明的人談現在，愚蠢的人談過去，傻子才談未來。

11

黯然離去

　　新軍就是新軍，年輕的軍官們實在是太年輕了，關鍵時刻沒有辦法真正擔負起反敗為勝的任務。三分之一的砲彈也是打不響的，這更讓砲戰專家拿破崙灰心！雖然在古戰場呂岑和包岑勉強打敗了聯軍，但是，拿破崙失去了他最好的朋友，二十年來跟著他南征北戰的法軍元帥迪羅克。他們的友誼是從土倫開始的，那地方是拿破崙輝煌功績的起點啊！

　　拿破崙奔去看望奄奄一息的老朋友。緊緊握著他的手，對他說:「迪羅克，還有另外一個世界，我們會在那裡相見。」

　　忠心耿耿的迪羅克回答他：「那應該是三十年以後的事情，到了那個時候，你打敗了法國所

有的敵人，法蘭西所有的希望都實現了……」

拿破崙買下了迪羅克住過的房子，在那裡為他的戰友豎起了紀念碑。

這場戰役結束之後，聯軍要求休戰六十天，拿破崙同意了。後來，歷史學家爭論說，如果當時拿破崙不肯休戰，一鼓作氣打下去，歷史可能要重寫。事實上，拿破崙的新軍絕對需要休整、訓練。尤其是騎兵方面，特別缺乏。

在這要命的六十天裡，奧地利真的站到了反法聯軍的一邊，梅特涅忙極了，在拿破崙和沙皇之間跑來跑去，忙著照顧奧地利的利益。

忠誠的科蘭古看出來了，各有打算的歐洲各國正在暫時的團結起來，一塊兒對付拿破崙。拿破崙卻還是蔑視他的敵人，他的

英雄氣概一點也沒有減少！

在德累斯頓，法軍士兵們又一次看到那件他們熟悉的灰大衣，「皇帝萬歲」的歡呼聲在傾盆大雨裡顯得格外悲壯。沙皇亞歷山大在這場戰役裡沒有占到什麼便宜，這座德意志名城卻被砲火燬成了廢墟。

10月的萊比錫大戰卻是另外一個局面。七年前的手下敗將普魯士老元帥布呂歇爾在這七年裡懷著對拿破崙的深仇大恨，仔細研究拿破崙的戰略戰術，將非常僵硬的普魯士軍隊改造得機動靈活，決心在運動中給予拿破崙沉重的打擊。缺少砲彈的拿破崙沒有打贏這一仗。他的友軍變節、投降，英國的金錢源源不斷流向聯軍，都是原因。在萊比錫，英勇的波蘭將士們幾乎戰鬥到最後的一兵一卒。

反法同盟的頭頭們都知道，

消滅拿破崙的千載難逢的時機已經到了，他們從四面八方撲向法國，他們衝垮了庇里牛斯山、跨過了萊因河。他們不但要法國投降，他們也要取拿破崙的性命。

1814 年 1 月 25 日，拿破崙告別了皇后，他走進小羅馬王的房間，最後一次看望了這個孩子──拿破崙在這個世界上最愛的一個人。他離開了巴黎，投身到保衛法國的戰火裡面去。這一天，是他最後一次看到皇后和小羅馬王。

還記得布里安嗎？九年前，他曾經說過：「這麼平坦的原野，將是一片壯美的戰場。」現在，他又一次組織起年輕的新軍，在這裡抵抗狂濤一般捲到的普奧聯軍，他不顧個人安危，奮勇殺敵。聯軍雖然敗退了，法軍的損失也是非常嚴重的。就在他浴血奮戰的時候，反法同盟表示，法

國必須回到 1792 年的老疆界，也就是回到拿破崙執政以前的法國版圖。也就是說，拿破崙二十年來的征戰只不過是讓法國更加弱小！如果拿破崙想停戰，就必須接受這樣的條件！

「留得青山在，不怕沒柴燒！」拿破崙不懂得這東方的哲學，也不會接受「臥薪嘗膽」以期東山再起的屈辱。憤怒的火光激起巨大的智慧，拿破崙再創奇蹟！在山窮水盡的絕境裡，他憑藉著鋼鐵意志，帶領著不到三萬人馬，在短短十天裡給四倍於他的強大敵人以沉重的五次閃電般的打擊！打得敵人狼狽逃竄，損失慘重！他在這十天裡施展出的雄才大略讓他的敵人嚇破了膽。這一回，他們總算明白了，拿破崙這個戰神是不可能用面對面的戰爭來「解決」的。

後來的歷史學家和戰爭史專

家熱烈的討論這十天的偉大戰績，一致認為，拿破崙靠的不是運氣，而是科學，是集中戰力專攻敵人薄弱環節的戰爭藝術。

布呂歇爾的運氣卻非常好，他在無意中捕獲了拿破崙的兩個信使，從拿破崙的親筆信裡讀到了拿破崙準備從某地進擊的意圖。他通知了聯軍各部，他們轉過身來，不跟拿破崙正面衝突，直撲防守薄弱的巴黎。等到拿破崙趕到巴黎近郊的時候，巴黎已經投降！法國已經陷落！

拿破崙本來還希望，自己退位之後，小羅馬王可以繼承皇位成為拿破崙二世，由皇后攝政。這個提案被反法同盟否決。波旁王朝的路易十八復辟了。拿破崙的元帥紛紛效忠新王朝，陰謀家塔列朗春風得意。得到過巨大利益的兄弟們都不見了。瑪麗・路易斯皇后帶著小羅馬王回到奧地

利。前妻約瑟芬竟然成了沙皇亞歷山大的朋友！

拿破崙簽字退位以後被放逐到地中海一個小島。這個叫做厄爾巴島的地方，近義大利，在科西嘉島東邊的海面上，氣候宜人、風景秀麗，有一萬三千人口。拿破崙被放逐到這裡，成為「厄爾巴王」。

真正對他忠心耿耿的是他的老近衛軍，他們跟了他這些年，沒有向他要求過任何好處。現在，拿破崙大勢已去，他們卻要求和他一起流放厄爾巴島。他們根本不知道那島在哪裡！他們只要繼續維護著他們的皇帝。

拿破崙深受感動，一再勸他們留下，他跟他們說：「你們跟我走，就要離開法國，離開你們的親人……」他們卻回答：「您就是我們的親人！」

於是，1814 年，在已經被占

領的法國土地上出現了一支步行的隊伍，六百位皇家衛隊的老兵高舉著三色旗，敲著軍鼓，邁著雄健的步伐，穿過兩百哩掛滿白色旗幟的土地，向南海岸進發。他們臉上帶著咄咄逼人、陰森可怕的神情，莊嚴的、沉重的穿過敵人占領的城市。在鄉村裡，農民們看到他們，最後一次高呼，「皇帝萬歲！」在拿破崙時代生活得不錯的法國農民現在又開始受到路易十八和保皇黨的壓迫，他們已經開始想念拿破崙了！

受人尊敬的皇家衛隊步行到海邊，登上英國海船，三天以後，抵達厄爾巴島。拿破崙親自來到碼頭，歡迎這些熱淚盈眶的忠誠軍人。拿破崙在這小島上的兵員一共有一千多人。

在這黯然離開法國的時候，拿破崙的母親和一個妹妹來到厄爾巴島。皇后不願意來，她把兒

子交給梅特涅「照顧」，自己去過奧地利公主的日子。約瑟芬則因為陪沙皇散步時穿的衣服太單薄，引起肺炎，死去了。倒是波蘭女子瑪麗‧瓦萊芙斯卡趕來看望了拿破崙，給他很大的安慰。歷史學家們都說，這位勇敢、溫柔、有教養的波蘭女子才是最值得拿破崙愛的女人。

拿破崙語錄

＊「勇氣」就像「愛情」，需要「希望」來灌溉。

12

百日王朝

在拿破崙看來，被困在厄爾巴島，根本不是什麼了不起的事情，他正好用這段時間好好的看清楚形勢，再決定下一步。厄爾巴島上的居民非常友善，老兵們又忠誠無比。拿破崙心情舒暢，仔細回顧自己的成功與失敗，學到很多。

這時候的歐洲大陸卻亂成一團。沙皇本來以為他「打下了巴黎」，路易十八和法國會對他非常感激，他將「君臨」巴黎，被尊為太上皇。哪裡想到，肥胖、愚蠢的路易十八根本認為同盟國為他打江山是「應該」的！他對沙皇很不客氣。

奧地利、普魯士和法國也都忙著重新劃分勢力範圍，與俄國爭吵不休。沙皇驚訝的發現，那

些混帳東西只怕拿破崙，他們根本不怕沙皇！亞歷山大到這個時候才明白，拿破崙是巨人，他自己只是一個侏儒而已！

法國國內的情形更加糟糕，拿破崙堅持的「封鎖政策」被取消了，英國貨一下子湧進法國，衝垮了法國經濟，無數商人破產。人們開始想念拿破崙時代的繁榮。知識分子也開始想念拿破崙的謙和、溫暖。和平時期到來，路易十八根本不再照顧軍人，大批戰俘回到了法國，卻被遣散，完全沒有人管。這些有經驗的老兵數量龐大，單單被英國送回來的就有七萬之眾！在拿破崙時代，他們受到尊重，現在的情形當然讓他們非常痛恨。拿破崙也一向關心農民的利益，現在，農民們都只盼他們的皇帝回來！

1815 年 2 月 26 日，拿破崙在

厄爾巴島只不過住了短短十個月，機會就來了了。管理島上事務的英國軍官搭乘軍艦外出辦事，沒有任何其他英國軍艦在小島的四周巡邏。拿破崙把自己的雙桅船「無常號」漆成英國船的顏色，再加六條小船，帶著他的一千零五十名官兵順風順水飄然北去。等到28日，那英國軍官回到島上，這才發現，這雄鷹已經遠走高飛，而且方向不明！

英國人想，拿破崙只有一千個兵，大約會去義大利重整旗鼓。梅特涅卻說：「這傢伙一定返回巴黎！」路易十八居然說：「波那巴特自投羅網，簡直是瘋了。」

在海上，將軍們都有點擔心，「自己人實在太少了！」拿破崙笑著說：「我不放一槍，就可以抵達巴黎。」果然，他的船隊抵達海岸的時候，邊防軍指揮官下令，「就是他，開槍！」卻沒有一

聲槍響。士兵們聽到了一個熟悉的聲音，「士兵們，你們當中哪一位想殺死自己的皇帝，請開槍吧。我就在這裡。」整營士兵蜂擁上前，「皇帝萬歲！」的歡呼聲響遍了寧靜的海岸。

　　拿破崙兵不血刃，被歡樂的士兵、農民一路幾乎是抬進了巴黎！無數軍官帶著士兵加入了這個巨大的隊伍，決心跟著皇帝為法國的民主、自由而戰。路易十八和他的黨羽們嚇得望風而逃。

　　由南到北，拿破崙狂飆席捲法國。在路上，他已經宣布路易十八統治結束，解散議會，取消惡法，召集帝國「選民代表團」到巴黎開會，選舉新政府。最重要的，他宣布，歡迎所有曾經因為各種原因而「效忠」路易十八的人們回到三色旗下。他不計前嫌的風度受到全國的歡迎，前來歸順的人們紛紛奔向巴黎。

這是奇蹟！聰明人馬上就看清楚了，拿破崙絕對不是冒險家，而是一位最會掌握時機發起衝鋒的戰士！更不可思議的是，只要他舉起旗幟，成千上萬的人就跟著他揮戈躍馬！

拿破崙仔細審時度勢，他知道，各種政治力量都想利用他。他必須小心，必須為法國爭取更多的和平時間，在眼下，他絕對要避免戰爭。

波旁王朝統治的十一個月裡，老百姓苦難重重。拿破崙試圖與反法同盟和解共同謀取歐洲和平。反法同盟一口拒絕，積極調兵遣將，準備再次進攻巴黎。拿破崙必須在三個月裡組織起一支鐵軍，要不然，和平只是一句空話。他的時間真是非常有限，他夜以繼日的加緊準備。

最有效的防禦就是進攻。他準備進攻比利時。原因有三：占

領比利時的，是最有戰鬥力的敵人，英國的威靈頓和普魯士的布呂歇爾。打垮了他們，其他聯軍將一哄而散。第二，比利時不甘心被占領，輿論會站在拿破崙這邊。第三，路易十八受到威靈頓的保護，藏身比利時，法國民眾將支持他清算波旁王朝的罪惡。

最最重要的，威靈頓和布呂歇爾都完全沒有料到，這個戰役將在比利時爆發。

今天，我們到比利時去，在滑鐵盧，會看到一座雄偉的紀念碑，上面有許多斑駁的文字，詳細的記錄了拿破崙一生的最後一戰。

從 1815 年到現在，歷史與軍事學家反覆研究，為什麼拿破崙制定的天衣無縫的軍事計畫會失敗。一句話，拿破崙怎麼會慘遭滑鐵盧？

他本來的計畫非常簡單，兩

支聯軍都沒有準備，他突襲一支，再轉身痛打另一支，應該是穩操勝券的。結果，他確實將布呂歇爾痛斬成兩截，在滑鐵盧迎戰威靈頓的時候，自己的軍團沒有及時趕到，普軍卻和英軍合流。

戰術無懈可擊，實行的時候卻出現了一連串的不幸事件。這些不幸事件使得結局改觀，進一步更改變了歷史。其中最要命的事情有三件：一、新軍失去了老參謀長，而新任參謀長不能及時傳遞準確的命令，導致整整一個軍團的部隊找不到戰場！二、新軍下級軍官的經驗不足，在偵察普軍撤退方向的時候判斷錯誤，他們告訴拿破崙，普軍已經逃走了，事實上，普軍已經和英軍聯絡上，而且悄悄的返回了戰場。三、曾經投靠路易十八的法軍元帥內伊謊報軍情，使得拿破崙以

為法軍已經占領了整個戰場的制高點，可以發起總攻了。

滑鐵盧由勝轉敗，拿破崙並不認為是什麼大事。他只要略加調整，就可以重新出發。但是，當他在 6 月 21 日回到巴黎，正準備重整旗鼓的時候，卻發現新的議會竟然要求他再一次退位！到了這個時候，他才知道，在歐洲土地上飄揚了二十年的拿破崙戰旗，最後竟然消失在滑鐵盧的夜色裡！

在滑鐵盧被打散的法軍正在迅速集結，反法同盟軍正在衝向巴黎，保皇黨和革命黨正在準備內戰。拿破崙期望臨時政府允許他再戰一次，解決巴黎的危機。臨時政府卻嚴令他離開巴黎，那等於承認拿破崙是將法國拖入戰火的禍首。拿破崙憤怒而痛苦，當他還在為法國軍隊制定抵抗敵人的軍事計畫的時候，巴黎那個

一點也不結實的政府卻向反法同盟投降了。路易十八在聯軍支持下回到巴黎，臨時政府垮臺了。這個時候，如果拿破崙堅持再戰，法國內戰將不可避免。普魯士軍隊和保皇黨人也正在瘋狂的追捕拿破崙，一心一意要幹掉他。

英國人無論怎樣凶殘，卻覺得用不體面的方式殺害政敵是很不光彩的事情。英國政府決定，「為防止歐洲和平再受擾亂，決定限制拿破崙的自由。」並且，將這個決定說成是整個同盟的決定。

拿破崙面臨再次被流放的命運。但是，他是多麼有名啊！他又是多麼「可愛」、多麼「可恨」、多麼「可怕」啊！不同的人懷著不同的想法，來到海邊，爭睹這位傳奇人物的風采。就像今天的人，爭著看影視明星一樣

著迷！拿破崙心平氣和，在英國船「貝列羅尼號」的甲板上，彬彬有禮的向歡呼的人群招手致意。人們為他的風采瘋狂，英國人害怕了、著急了，決定將他送往一個與世隔絕的地方，那地方叫做聖赫勒拿島。

拿破崙語錄

＊人們常只想到自己的需要，而沒考慮自己的能力。

13 魂歸故鄉

　　拿破崙小時候，注意過這個小島，他在地理作業裡正確的寫道：「聖赫勒拿，南半球海島，英國殖民地。」

　　1804 年，拿破崙全盛時期，他也用圓規在地圖上指點過這個小島。他曾經笑著說：「占領這個地方，大約需要一千二百兵力。」現在，英國準備用三千兵力看管這位流放者，防止他再次逃走。

　　這個島究竟在哪裡？它在大西洋南部，距離南美洲一千八百哩，距離南非開普敦一千七百五十哩，距離它最近的一個小島也在七百哩以外。從英國到這裡是整整的四千哩。拿破崙一行一共二十七個人，搭乘英國軍艦「諾森伯蘭號」，在海上航行七十六天，才抵達這個可怕的石頭島。

英國政府決定，將無限期流放拿破崙，讓他在這個孤島上度過殘生。

這二十七個人裡沒有拿破崙的親人，波那巴特家族沒有一個人願意和拿破崙共度艱難。和他一起流放的都是他忠實的追隨者，只有一個人是「臨時起意」要跟他走的，這個人就是蒙托龍伯爵。

這個島到底是個什麼樣子？唯一的港口就像一堵巨大的石牆，讓人覺得這地方不會有一棵樹、一朵花，它和美麗的法國南海岸、和美麗的科西嘉是完全不同的世界。有人說:「這是人類能夠想像得出的最醜陋、最荒涼的石頭島。它崎嶇不平、支離破碎，就好像是從海洋裡冒出來的一個毒瘤。」

這個島十哩長、七哩寬。上面的人口本來有四千，其中一千

人是駐軍，現在「託拿破崙的福」，駐軍變成了三千。在三千普通居民裡只有八百個歐洲人，剩下的是黑人、中國人和東印度水手。黑人當中有四分之三是奴隸。黑人和中國人擔負起島上全部的勞苦工作。

拿破崙和他的朋友們將要住的地方叫做「長林」，懸崖峭壁、風濤拍岸，根本無路逃走。那地方本來已經有一個很大的建築物，用途是馬廄和倉庫，潮溼無比，老鼠橫行。現在用灰黃的灰泥將外牆抹平，裡面間隔成許多房間。這個工程進行了七個星期。法國流放者搬進去以後，他們叫那個地方「龍塢」。龍塢對面就是「獄卒」英國官兵的住處，法國流放者叫那個地方「死塢」。

這七個星期是拿破崙最快樂的日子，這段時間，他住在英國

東印度公司一位承包商的家裡。承包商的家在一個山谷裡，環境不錯，是這石頭島上的天堂，滿谷薔薇。他的女兒貝特西這年十四歲，她在極短的時間裡成了拿破崙最要好的朋友。法國人還是稱呼拿破崙「皇帝」，英國政府官員叫他「波那巴特將軍」，而貝特西叫他「波尼」大朋友。

貝特西是英國人，她聽過太多關於拿破崙的可怕故事，在她的印象裡，拿破崙是一個「吃人的大妖怪，額頭中央長著一隻紅紅的大眼睛，下面是一大排獠牙。」當拿破崙真的出現的時候，貝特西一下子就喜歡上拿破崙「迷人的笑容」和「溫和的態度」。尤其是「那雙會說話的眼睛」最有魅力。二十五年以後，貝特西用美好的文字記錄了她自己和「波尼」大朋友的友誼。

拿破崙短短的一生沒有過無

憂無慮的少年時期，他不到十歲就離開家鄉科西嘉，到了法國，一步就邁入一個凶險的成人世界。現在，在聖赫勒拿，這個可怕的流放地，他度過了七個星期的少年「歲月」，和貝特西快樂的玩在一起，他們隨便的互相開玩笑。拿破崙在那段時間裡完全忘記了自己的年齡。

拿破崙的魅力確實沒有人擋得住。在英國軍艦上，他和英國水兵相處得好極了，他甚至很虛心的向他們學習英語。英國水兵覺得他「真是一位好皇帝」！士兵們在甲板上端著刺刀操練，拿破崙看不下去，露了一手「空手入白刃」的功夫，教給英國兵「正確的」刺殺姿勢。英國軍官向陸軍部報告，「我敢說，再過兩天，我們的全部士兵都願意為他赴湯蹈火……」

拿破崙到了島上，發現此地

居然有奴隸，馬上站在黑人奴隸一邊，為他們爭取自由，他甚至拿出錢來，要求「贖買」黑人奴隸的自由。英國官員生怕將來這些奴隸變成了拿破崙的「近衛軍」，嚴詞拒絕了這個解放黑奴的「運動」。但是，黑人奴隸都敬愛他，叫他「我們的皇帝」。

這也是頭一次，他看到了善良、勤勞的中國人。中國人裡有很多泥水匠、裁縫和園丁。他們揮汗如雨、辛勤工作，笑口常開。拿破崙非常喜歡他們，叫他們「我的中國人」。

英國人也都很快的開始喜歡拿破崙，甚至有兩位英國船長願意幫助拿破崙偷渡！但是，拿破崙拒絕了他們的好意，他要在這孤島上公開抗爭！他告訴那些願意幫助他的人，「在政治上，兩點之間最短的不是直線。」大家明白，他寧可自己承受苦難，也不

願意將法國再次捲入戰火。事實上，受苦受難的拿破崙比光輝燦爛的拿破崙更感動人！大西洋的兩岸充滿了關於拿破崙的無數話題，在歐洲和美國，不知多少人願意鋌而走險，把他救出去！

拿破崙很可能再現江湖！這是多麼「可怕」的陰影！這巨大的陰影籠罩著歐洲大地，讓那些君主們惡夢連連！

為了把絞索拉得更緊，英國政府調換了島上的總督。新的總督叫做哈德遜，是一個小心謹慎、神經兮兮的英國人，一個非常忠於職守的獄卒和劊子手。他堅持「拿破崙是囚犯」，英國士兵必須每天兩次進入拿破崙的房間，確定他「沒有逃走」。拿破崙和他的朋友們堅持，「拿破崙是法國的民選皇帝」，法國人民沒有罷免他，誰也沒有權力將他看成「囚犯」。於是，總督和拿

破崙之間的戰爭每天上演，帶給拿破崙很多的不愉快。

　　哈德遜非常陰險，他覺得貝特西一家對拿破崙太好，就不斷給承包商很多麻煩，讓他感覺這個地方已經非常危險，主動要求調回英國。貝特西一家離開了，拿破崙失去了他的好朋友，當然非常難過。更糟糕的是，從前，承包商負責龍塢的食物，拿破崙非常放心。現在換了別人，拿破崙開始擔心有人會在食物中下毒，精神上備受折磨。貝特西離開的時候得到拿破崙的一絡頭髮作為紀念。

　　在拿破崙的朋友當中，有一位拉卡色侯爵，英文講得好，文章又寫得好，他成為拿破崙的翻譯和書記官。在十五個月裡，他每天下午和拿破崙一起工作四、五個小時。拿破崙指點著地圖，冷靜的分析了自己每一個戰役的

成功和失敗之處。這部書是珍貴的軍事歷史，卻被哈德遜找了一個藉口沒收了。哈德遜也把拉卡色送回了英國。這部手稿也被送到倫敦封存。直到 1821 年，拿破崙去世以後，才還給作者。拉卡色的著作在 1823 年出版。拉卡色被迫離開聖赫勒拿島的時候，也帶走了拿破崙的一絡頭髮作紀念。

這些頭髮在一百五十年之後，透過現代科學的幫助，終於證明，拿破崙在流放地的六年中，在他喝的飲料裡被人下了砷，砷就是砒霜，如果長期在食物和飲料中被小劑量的下了砷，受害人不會表現出明顯的中毒跡象，但是會非常痛苦的慢慢走向死亡。

是誰下毒？哈德遜很樂意，但是，他在這個島的時間不到六年，他也不容易接近拿破崙的食

物。排除了所有的不可能之後，只剩下了在滑鐵盧之後才跟隨拿破崙的蒙托龍。在龍塢，他掌管酒窖的鑰匙，他有太多機會下毒。歷史證明，他與波旁家族裡的暗殺高手曾經來往密切。當然，已經「死無對證」，一百五十年的歲月掩蓋了太多的罪惡。

在哈德遜和蒙托龍所幹的謀殺活動中，最令拿破崙憤怒的是他的僕人西伯里阿尼的死亡。西伯里阿尼是科西嘉人，他能夠和拿破崙講誰也聽不懂的科西嘉土話，他常常到港口附近去，他能夠把拿破崙的信件送出去，他也能夠收集足夠的信息，讓皇帝知道世界上正在發生什麼事情。他是拿破崙真正的心腹。他突然死亡，拿破崙相信是哈德遜害死了他，只是沒有證據罷了。

哈德遜到任之後，拿破崙的健康越來越差，而他的醫生居然

也被新總督調走，理由只是那位醫生是愛爾蘭人卻敬愛拿破崙！可愛的醫生返回英國以後著書立說，讓英國的輿論更加同情拿破崙！

　　拿破崙度過了一段完全沒有醫生的日子。幸好，跟了他十四年的侍從長馬爾商忠心耿耿，一肩擔起書記官和保鏢的雙重任務，讓拿破崙少受了許多折磨。新到的醫生，也是一位年輕的科西嘉人，在他的努力下，拿破崙頑強的與疾病戰鬥，連軍營裡的英國醫生都對拿破崙忠心不二，使得法國皇帝整整鏖戰六年才去世。

　　1821 年 5 月 5 日，巨大的雷雨和風暴幾乎將聖赫勒拿島掀翻，風停雨住之後，太陽露出溫暖的笑臉，拿破崙閉上了眼睛、停止了呼吸。在這之前，他艱難的寫下詳細的遺囑，將他的財產

分給所有幫助過他的人，從土倫的老兵到流放地的中國人都沒有漏掉。

被他叫做「我的中國人」的園丁，手裡捧著拿破崙送的金幣，告訴人們：「太陽帶走了我們的皇帝。」科西嘉醫生覺得，拿破崙出生時候的大雷雨將他送回了科西嘉。圍攏在他身邊的友人貝特朗、馬爾商他們都親耳聽到他最後說出的三個詞：「法蘭西、我的孩子、軍隊」而淚如雨下。

高貴的貝特朗，在拿破崙第一次征服義大利的時候就擔任了他的軍事工程師，曾經隨他遠征埃及，之後，就沒有離開他。他們都知道，這位來自科西嘉的戰神是多麼熱愛法國、熱愛他的兒子小羅馬王、熱愛他的軍隊。

巨人離去，整個歐洲震動。與拿破崙一起流放的朋友們返回歐洲，紛紛出版他們寫下的回憶

錄。將波那巴特狂飆推向高潮。

世界屬於拿破崙,他在世的時候,無法獲得世界。他去世以後,卻擁有世界。

三年以後,波旁王朝徹底覆滅。新王路易・菲利普絕對不願意和席捲歐洲的「波那巴特狂飆」作對。他先是將拿破崙銅像重新豎立起來,又在 1840 年派他的兒子與忠心耿耿的貝特朗、拉卡色、馬爾商等人前往聖赫勒拿島,迎回了去世已經十九年的拿破崙。英國政府順水推舟,也借這個機會結束了與法國的對峙。

巴黎萬人空巷。人們熱淚長流,迎接他們永遠的英雄皇帝。參加葬禮的人群中,有不少已經老邁的法軍將士。

拿破崙魂歸故鄉之後不久,拿破崙的姪子建立了拿破崙第二王國,被封為拿破崙三世。這是拿破崙狂飆留下的另一絲輕風。

1769 年	8 月 15 日,出生於科西嘉島阿佳修市。
1779 年	5 月 15 日,進入布里安皇家軍事學校,曾經使用義大利名字,拿破里歐尼‧德‧波歐那巴特。
1784 年	10 月 21 日,進入巴黎皇家軍官學校。
1785 年	2 月 24 日,父親卡羅‧波那巴特因胃疾逝世。9 月通過嚴格考試,成為砲兵少尉,離開軍校,前往瓦朗斯砲兵團駐地。
1789 年	法國大革命爆發。
1793 年	12 月,土倫之戰。戰爭尚未拉開序幕之時,已被升任上校。
1794 年	1 月 14 日,升為砲兵准將,隨後被任命為法國駐義大利軍團砲兵司令。
1795 年	10 月 5 日,指揮巴黎保衛戰,並取得勝利。
1796 年	3 月 9 日,與約瑟芬結婚。3 月 11 日,擔任法國駐義大利軍團總司令,奔赴義大利前線。

1797 年　　12 月，凱旋巴黎。

1798 年　　5 月，遠征埃及。7 月，贏得金字塔之戰。

1799 年　　法克久攻不下，返回開羅。10 月 9 日，返回法國。霧
　　　　　月政變，擔任第一執政。

1800 年　　6 月 14 日，馬倫哥大捷，擊敗奧軍。12 月 21 日，雪月
　　　　　爆炸案。

1803 年　　5 月 17 日，英國向法國宣戰。

1804 年　　《民法典》通過。12 月 2 日，登基成為民選法國皇帝。
　　　　　12 月 12 日，英國向西班牙宣戰。

1805 年　　12 月 2 日，三皇會戰奧斯特里茨，大勝俄軍、奧軍。

1806 年　　大勝普魯士。11 月 21 日，在柏林對英國工商業宣戰。

1807 年　　《拿破崙法典》問世。6 月 14 日，弗里德蘭大捷，擊
　　　　　敗俄軍。

1809 年　　擊敗奧地利，5 月，進入維也納。

1810 年　　1 月 12 日，與約瑟芬解除婚約。4 月 1 日，迎娶奧地利
　　　　　公主瑪麗‧路易斯。

1811 年	3 月 20 日，小羅馬王誕生。
1812 年	進軍俄國。9 月 7 日，血戰博羅迪諾，俄軍元帥庫圖佐夫主動撤退。9 月 14 日，進入莫斯科。10 月 20 日，退出莫斯科。12 月 18 日，返回巴黎。
1813 年	5 月，在呂岑、包岑擊敗反法聯軍。6 月 4 日休戰至 8 月 11 日。8 月 27 日，在德累斯頓擊敗聯軍。10 月，在萊比錫被聯軍擊敗。12 月，聯軍侵入法國。
1814 年	1 月 25 日，告別皇后與小羅馬王，開赴前線。血戰布里安，普軍撤退。2 月，以極少兵力，在 10 天之內，五戰五勝。3 月 31 日，聯軍占領巴黎。4 月 11 日，簽字退位。5 月 4 日，被放逐至厄爾巴島。
1815 年	2 月 26 日，離開厄爾巴島。3 月至 6 月百日王朝。6 月 18 日，在滑鐵盧戰敗。6 月 22 日，再次退位。10 月 15 日，被放逐至聖赫勒拿島。
1821 年	5 月 5 日，去世。
1840 年	12 月，改葬於巴黎。

獻給孩子們的禮物

「世紀人物100」

訴說一百位中外人物的故事

是三民書局獻給孩子們最好的禮物！

◆ 不刻意美化、神化傳主，使「世紀人物」更易於親近。

◆ 嚴謹考證史實，傳遞最正確的資訊。

◆ 文字親切活潑，貼近孩子們的語言。

◆ 突破傳統的創作角度切入，讓孩子們認識不一樣的「世紀人物」。

國家圖書館出版品預行編目資料

科西嘉戰神：拿破崙／韓秀著;郜欣繪.－－初版三刷.
－－臺北市：三民，2012
面；　公分.－－(兒童文學叢書／世紀人物100)

ISBN 978－957－14－4693－6　(平裝)

1.拿破崙(Napoleon I, Emperor of the France, 1769－
1821)－傳記－通俗作品

784.28　　　　　　　　　　　　　　　95026087

© 　科西嘉戰神：拿破崙

著 作 人	韓　秀
主　　編	簡　宛
繪　者	郜　欣
發 行 人	劉振強
著作財產權人	三民書局股份有限公司
發 行 所	三民書局股份有限公司
	地址　臺北市復興北路386號
	電話　(02)25006600
	郵撥帳號　0009998－5
門 市 部	(復北店) 臺北市復興北路386號
	(重南店) 臺北市重慶南路一段61號
出版日期	初版一刷　2007年1月
	初版三刷　2012年9月修正
編　　號	S 781910

行政院新聞局登記證局版臺業字第○二○○號

有著作權‧不准侵害

ISBN 　978－957－14－4693－6　　(平裝)

http://www.sanmin.com.tw　三民網路書店
※本書如有缺頁、破損或裝訂錯誤，請寄回本公司更換。